"十四五"职业教育国家规划教材

电商直播营销

主　审	武春岭		
主　编	陈应纯	肖永莲	李　凤
副主编	黄华坤	马金海	于小琴
参　编	王雪松	钟　雷	姚志娟
	黄福林	万　春	刘　勇

北京理工大学出版社
BEIJING INSTITUTE OF TECHNOLOGY PRESS

内 容 简 介

本书作者基于多年来在直播电商领域的实战经验，紧紧围绕当前直播产业的发展趋势，全景式讲解了直播运营的操作思路、工具与方法，旨在提供一站式直播解决方案，帮助读者解决直播运营过程中的疑点、难点与痛点。

本书适合 MCN 机构及主播、电商卖家、内容创作者、营销推广人员、互联网创业者等相关人员阅读，也可作为新媒体相关专业学生的学习用书。

版权专有 侵权必究

图书在版编目（CIP）数据

电商直播营销 / 陈应纯，肖永莲，李凤主编 . -- 北京：北京理工大学出版社，2023.7 重印

ISBN 978-7-5763-0000-0

Ⅰ . ①电… Ⅱ . ①陈… ②肖… ③李… Ⅲ . ①网络营销 Ⅳ . ①F713.365.2

中国版本图书馆 CIP 数据核字（2021）第 256717 号

出版发行 / 北京理工大学出版社有限责任公司

社　　址 / 北京市海淀区中关村南大街 5 号

邮　　编 / 100081

电　　话 /（010）68914775（总编室）

　　　　　（010）82562903（教材售后服务热线）

　　　　　（010）68944723（其他图书服务热线）

网　　址 / http://www.bitpress.com.cn

经　　销 / 全国各地新华书店

印　　刷 / 定州市新华印刷有限公司

开　　本 / 889 毫米 × 1194 毫米　1/16

印　　张 / 7.5　　　　　　　　　　　　　　　责任编辑 / 武丽娟

字　　数 / 148 千字　　　　　　　　　　　　　文案编辑 / 武丽娟

版　　次 / 2023 年 7 月第 1 版第 2 次印刷　　　责任校对 / 刘亚男

定　　价 / 29.80 元　　　　　　　　　　　　　责任印制 / 边心超

图书出现印装质量问题，请拨打售后服务热线，本社负责调换

前 言

党的二十大报告指出："加快构建新发展格局，着力推动高质量发展。"

"大鹏一日同风起，扶摇直上九万里"，随着数字技术、信息技术的飞速发展，以互联网为代表的新媒体改变了新闻信息的传播方式，重塑了信息传播的格局，人们已经步入了新媒体时代。在新媒体时代，网络、渠道、平台和终端的作用和价值日渐凸显，服务与市场的理念逐步深化。为此，各地根据发展的实际情况和电子商务快速兴起的大环境，积极贯彻落实党的二十大精神，以优质的产品支撑直播电商发展，而直播电商则推动传统产业链和供应产业链的提档升级。电子商务产业如星星之火，迅速发展、不断壮大，成为经济发展、乡村振兴的新引擎。

关于"网络直播"，目前还没有业界普遍认可的定义，可以将传播学及电视现场直播的概念作为参照，对网络直播进行定义：在现场随着事件的发生、发展进程同步制作和发布信息，具有双向流通过程的信息网络发布方式。网络直播的形式也可分为现场直播、演播室访谈式直播、文字图片直播、视音频直播或由电视（第三方）提供信源的直播。

目前，介绍网络直播的教材较少，学生无法系统地学习直播的方法与技巧，本书就是在这样的需求下应运而生的。本书以《网络直播营销管理办法（试行）》为编写依据，旨在帮助学生了解在各大网络平台建立直播间、进行直播的方法与技巧。

编者根据中职学生的特点，将知识点高度融合为创建直播账号、规划直播间内容、策划与筹备电商直播、实施与执行电商直播、直播复盘5个教学模块，精选教学内容。本书采用工学结合的一体化课程模式，将"知识学习、职业能力训练和综合素质培养"贯穿于教学全过程的一体化教学模式，让学生加深对直播专业知识、技能的理解和应用，培养学生的综合职业技能，全面体现职业教育的新理念。

本书具有以下特色：

1. 采用模块化设计方式，教学素材的选取贴近生活实际

本书采用模块化设计方式，以实际的直播流程为序安排教学模块，并依据"工学结合"的职业教育思想、职业成长规律，将各模块分解为若干任务。各模块下均设置"情景导入""任务分析"等栏目。其中，"情景导入"以贴近生活的案例引出模块的教学内容，以便引起学生的学习兴趣；"任务分析"对教学内容进行必要的分析，以便学生理解学习重点，有的放矢。

2. 以"做"为中心，体现"教学做合一"的理念

本书按照"以学生为中心，以学习成果为导向，促进自主学习"的思路进行开发设计，弱化教材"教学材料"特征，强化其"学习资料"功能，将直播的流程作为主体内容，将相关理论知识点分解到各任务中，并在书中必要部分设置问题或提示信息，在每个模块后设置"考核评价"，不仅便于对学生的掌握及操作情况进行评价，还便于在教学过程中运用"工学结合""做中学""学中做"和"做中教"教学模式，体现"教学做合一"理念。

3. 为每个任务精心设计实训内容，巩固和掌握所学的知识

本书的每个模块均配有实训任务的内容，每个实训任务均由编者精心设计，包括"任务名称""任务背景""任务目标""任务要求""任务步骤""效果评价"栏目，力求让学生通过实训进一步巩固和掌握所学的知识。

4. 将思政目标融入教学，帮助学生树立正确的价值观

网络信息量巨大，良莠不齐，在学习直播知识的同时，还要注重引导学生树立正确的价值观。为此，本书融入介绍了思政内容，以便帮助学生树立正确的价值观。

5. 新形态一体化教材，实现教学资源共建共享

发挥"互联网+教材"的优势，书中必要部分配备二维码学习资源，用手机扫描书上的二维码，即可获得在线的数字课程资源支持，便于学生即时学习、个性化学习，有助于教师创新教学模式。

由于编者水平有限，加之时间仓促，书中难免存在疏漏和不妥之处，恳请广大读者批评指正！

编　者

目录 CONTENTS

模块一　创建直播账号 ··· 1

　　任务一　认知淘宝直播 ·· 4
　　任务二　认知抖音直播 ··· 14
　　任务三　认知快手直播 ··· 19
　　任务四　认知拼多多直播 ·· 23

模块二　规划直播间内容 ·· 27

　　任务一　做好直播分工 ··· 29
　　任务二　选好直播主题 ··· 35
　　任务三　做好电商直播内容 ··· 40
　　任务四　做好直播选品 ··· 43
　　任务五　玩转直播营销 ··· 47

模块三　策划与筹备电商直播 ·· 50

　　任务一　选择正确的直播时间段 ··· 52
　　任务二　直播商品讲解 ··· 55
　　任务三　规划直播脚本 ··· 65
　　任务四　直播间布置与设备 ··· 71

模块四　实施与执行电商直播·········82

任务一　做好直播预热·········84
任务二　直播开场的技巧·········87
任务三　做好互动直播·········90
任务四　直播收尾的关键·········93

模块五　直播复盘·········97

任务一　复盘思路——实现有价值的复盘·········99
任务二　数据分析——掌握数据走向·········103
任务三　优化直播转化率，实现复盘价值·········111

参考文献·········114

模块一

创建直播账号

情景导入

2020年伊始,新冠肺炎疫情席卷全球,为世界各国经济带来了前所未有的挑战。在新冠肺炎疫情的影响下,工作、学习和生活方式的全面线上化也催生了宅经济、无接触经济等新兴业态,改变着社会的消费和工作习惯。电商直播作为新兴消费方式的表现尤为亮眼,仅2020年上半年,全国已开展电商直播超过1 000万场,用户规模达到2.65亿名,占整个网购用户的近40%。未来直播电商会继续保持高速增长态势,强大的市场效应使各行各业纷纷试水直播带货。

以电商直播的主播为例,从早期的达人主播,到明星和知名企业家,其中包括企业家李彦宏、董明珠等,再到如今大小商家开展直播。直播带货的商品品类也日益丰富和多样化,除快消品、美妆、农产品、家电、汽车等传统的直播商品外,旅游、理财等服务类商品也正通过直播走向消费者。

电商直播是网络零售创新的一次尝试,商品的呈现方式由图文、短视频再到直播,实现"无人店铺"到"有人店铺"的升级,满足消费者更真实、更可信的购物诉求,让消费者感受有温度的购物体验。

万物皆可直播、人人皆可播的直播电商已经到来了,想入行或已经有此打算的未来直播人又需要做些什么准备呢?首先需要了解入驻电商平台的方法,开通直播账号,获得直播的入场券。那么,怎样从0到1建立自己的直播账号呢?

电商直播营销

任务分析

直播带货是一种崭新的营销模式，人们可以通过视频平台进行现场直播卖货。直播带货的出现，对于很多企业来说是一次难得的红利。目前，淘宝、京东、拼多多、快手、抖音等已经在直播带货方面进行了投入，开始大举进军该领域，不断尝试直播带货的新玩法。

直播营销以直播平台为载体，将社交、直播、电商等功能结合在一起，实现了传统销售系统的转变，获得品牌知名度和产品销量的双提升。

不同平台的账号入驻条件和流程分别有哪些？

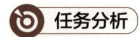 淘宝直播

（1）打开淘宝客户端，在页面中找到"淘宝直播"。

（2）打开"淘宝直播"界面后，单击右上角的"⋮"图标。

（3）打开"功能直达"界面后，单击"主播入驻"按钮。

（4）打开"主播入驻"界面后，首先填写基本信息，然后向下滑动。

（5）接着添加照片和生活视频，编辑完成后单击"提交申请"按钮。

抖音直播

目前，在抖音开通直播的门槛如下。

（1）完成账号实名认证。

（2）个人主页视频数量（公开且审核通过）≥ 10 个。

（3）"粉丝"数量 ≥ 1 000 个。

抖音直播开能方式：登录抖音 App → 我 → → 创作者服务中心。

快手直播

人们在注册快手账号的同时可以免费开通商家号。免费开通商家号的方式有两种：一是通过关注快手"商家号小助手"开通；二是通过关注"快手商家号"微信公众号开通。快手商家号拥有很多功能，如作品推广、商家课堂等。如果能完成企业认证，还能享受功能升级，如作品推广充值优惠、自动获得门店等。如果注册者是个体，就能在通过实名认证之后申请开通快手小店。

拼多多直播

拼多多直播的开播方式有两种：普通用户可以在拼多多 App 中进行直播；商家可以在拼多多商家版 App 中使用一键直播功能，也可以在电脑端进行直播。

一、普通用户直播

（1）打开拼多多 App，进入"个人中心"界面，点击头像，进入"我的资料"界面。

（2）在"我的资料"界面中找到"多多直播"功能。

（3）在直播页面中，点击"开始直播"按钮。

（4）点击直播画面右上角的齿轮形标志，即可对受邀代播、切换镜头、关闭镜像、关闭麦克风、开启闪光等功能进行设置。

二、商家直播

1. 拼多多商家版 App 直播

（1）下载拼多多商家版 App，进入 App 首页，找到"多多直播"。

（2）点击进入"多多直播"，可以发现页面底部的"一键开播""创建直播""上传视频"按钮。

（3）点击"创建直播"按钮，根据提示添加直播封面、直播标题，并且选择商品，然后就可以创建直播了。此外，可以使用"一键开播"功能，不需要复杂操作，直接开启直播。

2. 电脑端直播

（1）进入拼多多的商家后台（https://mms.pinduoduo.com/home/），找到"店铺营销—多多直播"。

（2）单击"多多直播"按钮，进入多多直播网页。

（3）单击"使用电脑端直播"按钮，进入直播后台。

（4）单击左上角的"创建直播"按钮。

（5）填写相关信息，最后单击"创建直播"按钮。拼多多直播最多可以添加100件产品链接。

（6）回到直播任务列表中，选择待播的任务，单击"开始直播"按钮。

（7）配置 OBS（open broadcaster software）的相关参数，将中控台服务器地址和串流密钥等信息复制到 OBS 中，单击"开始推流"按钮，即可进行直播。

任务一 认知淘宝直播

截至 2020 年 6 月，阿里巴巴占据 63.1% 的电商市场份额，这就意味着绝大部分的电商销售来自阿里巴巴平台上。面对个人消费的天猫、淘宝平台仍然是中小商家、创业者首选的电商平台。淘宝直播平台的特色在于基于淘宝生态、购物属性强、规模大、流量大、知名度高，用户以一二线城市为主、四五线下沉市场也有覆盖，人群覆盖面最广。

经过几年的布局、持续的高额投入，以及大量的媒体宣传，淘宝直播如今已经成为电商直播领域内毫无争议的领头羊，在电脑端和移动端都有入口。淘宝直播拥有丰富的经验，开发出了很多独具特色的玩法，如阿里 V 平台、主播排位赛、浮现权等，并且培养出了许多火爆全网的知名主播。随着电商直播行业的火热，淘宝还会继续投入大量资源。淘宝商家若想开通淘宝直播，则需要先获取淘宝直播浮现权，根据是否符合直播入驻条件进行入驻。

一、淘宝直播浮现权

1. 淘宝直播浮现权的含义

淘宝直播浮现权是指能够在"手机淘宝—淘宝直播"频道内展现的权限。拥有淘宝直播浮现权的商家，有机会在"淘宝直播"频道内，以千人千面的形式，个性化地展现给消费者，如图 1-1 所示。

2. 直播浮现权的获取条件

获取浮现权的基本条件如下。

（1）场均观看 UV（unique visitor，独立访客）达到 50 人。

图 1-1 淘宝直播首页

(2)人均观看停留时长 0.5 分钟。

(3)拥有直播发布权限 15 天以上,在考核周期内发布过 5 场直播,每场 30 分钟以上的达人主播(非机构主播)。

简单来说,只有当直播频率足够高,并且有足够的观众互动,不冷场,才会获得直播浮现权。所以,获得直播浮现权并不是什么难事,关键在于坚持。

对于新人主播,淘宝官方会进行一定程度的扶持,其中一项就是赠送固定期限的直播浮现权,让新人主播有更多的机会出现在公众面前。

需要注意的是,直播浮现权并不是终身的,更何况是在竞争如此激烈的淘宝直播,官方会定期(15 天)对主播进行考核,根据直播的质量、转化率等因素进行评定。淘宝直播的规则会根据实际情况进行调整。主播需要持续进行关注,避免出现违规的情况,因为一旦违规就会被扣分。

有时,商家坚持直播了很长时间,却依然没有获得直播浮现权,这时除了等待平台给予直播浮现权,商家也可以主动找"淘宝小二"进行沟通,特别是一些流量池较小的冷门类目。

1)禁止出现的违规行为

淘宝官方非常重视直播浮现权,会通过一系列复杂的算法进行评定。如果主播出现了以下几种情况,就很可能无法获得直播浮现权。

(1)直播间内长时间没人直播,却一直开着摄像头,这种情况是绝对被禁止的,如果被发现,很可能会被取消直播权限,甚至封号。

(2)没有现场直播,而是播放之前拍摄的视频或广告、影视剧等。

(3)注册了两个淘宝直播账号,却由同一个主播进行直播。

(4)直播过程中出现二维码、条形码等,或者诱导观众进行线下交易。

(5)直播间的主图、详情页、标题不规范,出现"福利""福袋""专用链接""专属链接""秒杀"等字眼。

(6)直播间画面杂乱无章,主体不突出,有很多无关的零碎物品,显得十分不专业。

(7)主播形象不佳、蓬头垢面、无精打采,说话声音太小。

(8)商家冒充达人主播,试图骗取直播浮现权。

(9)盗用他人的产品图片或直播封面。

2）提升直播排名的方法

淘宝平台建立了一套复杂的计算系统，它会针对每个直播间进行评分，然后进行排名。排名靠前的直播间会获得更多的平台推荐和流量，所以提升直播排名很重要。在实际过程中，直播间可以从以下几点着手提升排名。

（1）优化直播标签和预告。事实证明，在直播开始之前发布预告，可以有效提高流量。直播间的标签要和产品类目有高度相关性。在卖家后台，找到"营销中心—客户运营平台—客户管理—客户分析"，就可以看到店铺访客的人群标签，包括性别、年龄、地区、折扣、类目等，也可以使用"生意参谋"功能查看相关属性，然后挑选合适的关键词作为标签。

（2）积极引流，提升直播观看量。直播观看量是直播排名的一项重要参考指标，要做好引流工作，通过宣传和引导，让用户将直播间分享出去，以吸引更多的用户前来观看。

（3）延长用户停留时间。延长用户停留时间是淘宝直播的评价指标之一。直播间最好能够保持稳定的观看量，不宜出现大起大落。如果大部分用户停留的时间太短，就会被平台认定为无效流量，不计入考核中。通常，用户停留时间在3分钟以上才会被计入排序。用户停留的时间越长，说明直播的质量越高。

（4）引导观众互动。观众互动也是直播间热度的重要考量因素。用户发送的弹幕数和点赞数越多，就越容易被推上首页。在直播的过程中，主播可以多聊些与生活相关的话题，如最近出现的热门影视剧等。

3. 开通淘宝直播浮现权的好处

淘宝直播的后台会对主播进行数据分析，并进行智能排名。获取淘宝直播浮现权后，可在"手机淘宝—淘宝直播"频道内展示，拥有更多的展现机会。

注意：天猫商家默认有直播浮现权。涉及直播浮现权的问题，目前还在持续调整中，具体情况以淘宝后台最新规则为主。

在哪里能看到淘宝直播浮现权是否已经开通呢？

进入淘宝直播界面，单击"我的权限"按钮，就可以查看淘宝直播浮现权是否已经开通，如图1-2所示。

> 注册前，可详细查看【帮助】中的内容，以了解平台规则。

模块一　创建直播账号

图1-2　查看淘宝直播浮现权

二、淘宝直播入驻条件

1. 店铺商家身份

目前，淘宝直播支持天猫或者集市的大部分行业商家开放申请权限（个别特殊行业除外）。

2. 满足类目和店铺综合数据要求

新开通直播需要满足商品类目和店铺综合数据要求。

> 小明若想进行淘宝直播，需要满足哪些条件?

三、入驻淘宝直播

在申请入驻淘宝直播时，需要先进行淘宝主播入驻，入驻完成后即可创建淘宝直播。

1. 登录淘宝直播 App 账号

下载最新版淘宝直播 App，输入需要入驻淘宝直播的账号、密码，如图 1-3 所示。

图 1-3 淘宝主播登录

> 注册后，认真阅读完整版《隐私权政策》。

2. 进入淘宝主播首页

登录后，进入"淘宝主播"首页，如图 1-4 所示。

图 1-4 "淘宝主播"首页

> 在首页的"在线商学院"下方，可查看新手入门教程。

模块一 创建直播账号

3. 点击"主播入驻"按钮

点击"主播入驻"按钮，如图1-5所示。

4. 进行实人认证

根据指引进行实人认证，如图1-6所示。

图1-5 点击"主播入驻"按钮

图1-6 进行实人认证

淘宝主播入驻流程有哪些？

实人认证是指平台通过技术手段识别店铺经营者，对卖家的身份信息进行确认，杜绝卖家利用伪造身份信息来开店、盗用别人店铺账号进行违法经营、骗取或购买别人的店铺信息继续运作等行为。

5. 上传资料，完成入驻

通过实人认证后，根据指引进入资料填写页面，上传主播头像、主播昵称，点选"同意以下协议"单选按钮，完成入驻，如图1-7所示。

图1-7 上传资料，完成入驻

在点选"同意以下协议"单选按钮之前，可事先阅读协议详情以此了解相关内容。

四、淘宝直播的优势分析

为什么淘宝直播的影响力这么大呢？主要原因有以下几点。

1. 布局时间早

淘宝官方对电商直播非常关注。早在2016年4月，淘宝直播正式发布当天，就有50万人通过淘宝直播平台围观了papi酱的一场拍卖活动。当时的直播行业正处于风口，斗鱼直播、战旗直播、熊猫直播等平台都将注意力集中在游戏直播、秀场直播等类目上，淘宝则紧盯电商直播。淘宝就是要通过直播为电商引流。这使淘宝直播有了深厚的技术和经验积累，成长为直播带货行业的领军平台。

2. 商业模式稳定

经过多年发展，淘宝直播已经发展出一套非常成熟的商业模式，能够让主播、商家、用户三方受益。

在淘宝上进行直播，主播可以获得用户的关注，通过带货赚取佣金和其他收入。主播为了吸引关注，与商家谈判，以超低的价格和折扣让用户获得实惠。商家在直播过程中，通过主播的产品介绍，获得了广告宣传，提高了商品销量。

3. 配套服务完善

淘宝直播不仅搭建了直播平台，还组建了一整套的服务系统，其中就包括培训体系。完整的培训体系，使主播的专业度不断提升。同时，很多机构为了培养优质主播人才，开设了淘宝直播课程。

4. 平台投入资源多

淘宝官方为直播投入了很多资源，包括为直播间提供流量及其他平台服务等。2020年3月30日，淘宝直播发布了年度战略，宣布投入500亿个资源包，为生态伙伴提供百亿级资源，创造百亿级收入。中小主播的成长将成为重点，淘宝直播将打造10万个月收入过万元的主播，为中小主播制订成长计划。

5. 积极推广

淘宝还非常善于寻找明星参与直播，以便迅速提高国民口碑。例如，2020年5月14日晚，演员刘涛进行了个人首场直播，4个小时带来1.48亿元的成交额，创下明星直播新纪录。一夜之间，刘涛就成了"阿里明星带货一姐"，专业度大受认可。

五、做好淘宝直播的关键

要做好淘宝直播，关键是做到人、货、场三个方面的完美配合。

首先是人。营销是以人为中心的，而不是以货物为中心。因为大多数直播涉及的货物在市场上有无数替代品，货物和场地都要围绕着人进行调整和布局，强调人的购物体验，包括货物的质量、物流的配送效率等。

在一场直播活动中，主播、消费者、运营团队是密不可分的。主播需要对货物进行深入的了解，并且具备高超的表达能力及控场能力，加之运营团队的配合与辅助，使直播能够顺利进行。消费者的忠诚度和购买力，则决定了最终的成绩。

货物也是销售活动的关键，有高质量的货物，加上足够优惠的折扣，就可以打动消费者。需要注意的是，要保证货物的供应量。如果没有充足的货物，可以设置成限量购买模式，或者干脆不要上架，以免消费者投诉。

场就是直播间，包括直播间的布置，以及直播后台的服务、供应链的支持等。

六、淘宝直播的重点领域

淘宝专注于打造垂直领域的内容，因此对领域的划分很细致，每个领域内都会有相应的当红主播。那么，哪些行业是淘宝直播的重点领域呢？

淘宝直播有多个专业领域，包括珠宝、母婴、文娱、家居、数码、汽车、运动、美妆、美食、旅行、游戏、鲜花、萌宠、二次元、健康养生等。其中的重点领域主要有以下几个。

1. 食品行业

食品行业的视频一直以来都很受人关注，在短视频时代就已经有采用吃播形式进行的营销了，且流量稳定。在淘宝直播上，同样有很多主播向用户推荐食品。由于食品的受众广泛，男女老少都有可能成为消费者，因此商家通常会选择覆盖范围大的主播。

2. 服饰行业

服饰行业是最早开始直播的类目之一，也是比较成熟的模式，具有高成交、高转化、高沉淀的特点。不过商家在做直播的时候，需要根据主播的风格及服装的定位进行匹配，避免出现违和感。

3. 美妆行业

美妆直播的爆红，帮助淘宝直播迅速扩大了影响力。如今美妆行业凭借高折扣和高品质，已经成为淘宝直播的重要类目。

4. 母婴行业

母婴行业也是淘宝直播的重点类目。数据显示近年来，我国母婴电商行业的用户规模保持高速增长态势，2015—2020年，增速均在20%以上。2020年，中国母婴电商行业用户规模已达2.45亿人。随着用户规模增长，我国母婴电商市场也保持高速增长，但增速自2015年开始有所下滑。2020年，我国母婴电商行业市场规模突破1万亿元。目前众多电商平台在直播中布局母婴产品，如淘宝直播的格格妈、若大王、政政的新装等。

5. 家电行业

家电行业的KOL（key opinion leader，关键意见领袖）很早就活跃在网络上。最初他们用图文结合的方式发布使用体验，后来拍摄测评视频向用户展示使用后的感受，目前也在面临知名主播的冲击。小米、华为等知名品牌商也曾尝试以直播的方式举办发布会。

6. 个护和家用清洁品

个护和家用清洁品领域的产品普遍拥有价格便宜、受众广泛、备货充足等特点，因此在直播中很容易一售而空。

小知识

阿里V任务平台

直播带货如今非常火爆，无论是商家还是主播都不想错过这个机会，但毕竟不是所有人都是业内人士，大多数人是初次接触直播带货的新人，那么商家如何寻找合适的主播呢？主播如何保护自己的合法权益呢？为此，淘宝推出了阿里V任务平台，帮助商家与达人形成对接，让卖家也能玩转直播销售的模式。

1. 商家挑选达人主播

在市场营销中，流量往往就意味着金钱。很多商家也开设了店铺直播间，但是要想拥有百万"粉丝",需要付出很多努力。那些拥有千万"粉丝"的直播号,不仅需要努力,还需要时机和运气。

对于商家而言,寻找达人主播进行合作,可以在短时间内带来大量流量。阿里V任务平台就为人们提供了一个便捷的渠道。

在"阿里V任务"首页,"达人合作"栏目中有淘宝主播、图文达人、短视频达人、标准头图短视频、直播通、淘榜单等选项。第一次登录平台的时候,平台上会显示"立即开通"按钮,可单击注册。商家选择"我是需求方"选项,主播选择"我是服务方"选项。

如果你希望寻找主播,可以单击"淘宝主播"按钮。进入新页面后,可以设定"粉丝"数量、垂直领域、服务类型、优选推荐等条件,以便找到合适的主播。另外,还可以选择栏目上方的选项,在主播、机构、直播综艺、商家直播代运营、淘女郎之间进行切换;或者在页面右上方单击"搜达人"按钮,直接搜索自己心仪的主播。

发现感兴趣的主播后,单击"合作咨询"按钮。进入洽谈环节后,要先与服务方进行沟通后再下单。根据与服务方沟通的细节进行"拍下"操作,选择好正确的报价链接,单击"进行合作"按钮。交易顺利完成后,可以查看效果。目前查看效果的路径有两个:一是V任务后台单条内容效果,二是生意参谋后台内容板块数据。

除此之外,商家还可以在"阿里V任务"首页导航栏中单击"直播通"按钮,然后选择"我要供货(商家进入)"选项。

2. 主播接单和变现

在阿里V任务平台上,主播也可以发布报价,接商家的订单,用赚取佣金和提成的方式变现。

首先,进入阿里V任务平台,在导航栏单击"直播通"按钮,然后选择"我要选货(主播进入)"。"直播通"为主播提供了两种合作模式:寄样模式和到店模式。

(1)寄样模式。在"行业精选"栏目中可以看到很多寄样合作的直播合作货品池。

(2)到店模式。除了寄样合作,主播也可以选择去淘宝基地直播,享受更专业的直播配套服务。

选择完模式后,在阿里V平台首页单击"发报价"按钮。按照"选择服务类型—完善服务方案—提交成功"的提示,一步步进行设置。为了让商家更放心地下单,建议最终报价与官方建议价不要相差太大。

资料来源:孔林德. 淘宝、天猫、拼多多、抖音、快乐直播营销一本通[M]. 北京:民主与建设出版社,2020.

任务二　认知抖音直播

抖音是一个面向全年龄的音乐短视频社区平台。该平台的特点就是时尚、潮流、热门，对直播内容质量要求很高，只有高质量的内容才有机会上热门。抖音直播在用户定位上以一二线城市用户为主，聚焦都市女性用户。

直播是流量变现的强劲渠道之一，作为国内短视频平台的领军企业，抖音自然不会放过这个机会。2019年以来，抖音陆续出台了多项措施，大力推进直播板块的发展，如推出巨量百应平台，完善商品供应链体系，以及扶持主播的"百万开麦"计划等。随着直播市场的发展，抖音直播将会在国内市场上占据不小的份额。

在内容领域，抖音成为国内短视频市场的强大玩家，但是在电商直播领域，抖音还是一个新人。抖音直播的本质是内容平台的渠道升级，将流量更合理地转化为收益。

抖音是国内最大的短视频平台。随着淘宝直播的兴起，抖音也不甘落后，在直播领域全力追赶，如今已经在网上掀起了一阵热潮，获得了很多新用户。抖音直播的操作十分简单，但是目前抖音带货渠道还未向所有用户开放，对作品数量和"粉丝"数量都有一定的要求。

1. 入驻抖音直播

以前开通抖音直播的要求是"粉丝"数量需要10 000以上，但随着直播行业的扩大，需求量增多，抖音平台放宽了申请要求。

现在申请抖音直播开通的条件是通过实名认证和绑定手机号码。

2. 开通抖音直播

1）下载抖音App，注册账号

下载最新版本的抖音App，输入手机号码即可注册账号，如图1-8所示。

模块一　创建直播账号

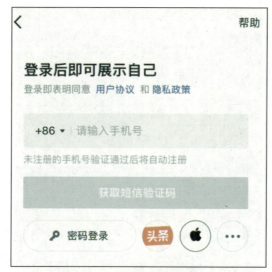

图1-8　注册抖音App账号

> 可通过【帮助】来快速了解相关资讯。根据需要设置登录密码。

2）完善资料

注册账号后，编辑个人资料，如图1-9所示。

图1-9　编辑个人资料

> 也可以根据自己的需求，设置某些信息是否对外开放。

3）实名认证

进入首页，完成实名认证，如图1-10所示。

开播前进行实名认证，是国家政策的要求，也是规范直播的一种行为，能更好地管理网络安全，防止网络诈骗、传播不正当的内容，这也是平台避免风险的策略。

> 随着直播行业需求量增多，抖音逐渐流行起来，小明也想在抖音上进行直播，那么他需要满足哪些入驻条件呢？

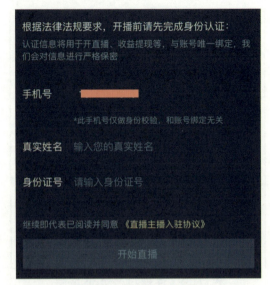

图 1-10 实名认证

4）开通直播

（1）开通直播的方法。

①点击首页底部"+"号。

②滑动页面底部的拍摄模式至"开直播"。

③在页面上方选择开播模式。

开通直播的方法如图 1-11 所示。

图 1-11 开通直播

> 小知识

巨量百应：抖音直播运营平台

巨量百应是一款综合商品分享管理平台，它将作者、商家、机构服务商连接起来。这一平台的推出，大幅提升了抖音带货达人的运营和直播带货效率。

1. 巨量百应的功能

为了保证交易安全，避免出现诈骗行为，各家电商直播平台对主播的行为都有明确的约束，其中一些行为是绝对禁止的，如展示商家地址、商家联系方式、二维码；在视频中植入硬性广告元素，如价格、打折等。

同时，电商直播平台还会推出一套专属的直播服务平台，供主播和商家使用，如阿里V平台、京东内容开放平台等。2020年3月29日，抖音官方正式对外推出自己打造的电商综合服务平台——巨量百应。

抖音、火山、头条、西瓜等平台的用户都可以使用这一平台。巨量百应具有以下功能。

（1）橱窗商品管理：支持多个电商平台的商品，包括抖音小店、淘宝、京东、考拉、唯品会、苏宁、网易严选、洋码头等。

（2）直播间商铺管理：支持达人在直播前、直播中进行商品的添加、删除、调序、讲解。

（3）数据中心：帮助作者查看自己账号整体的交易数据情况。

（4）直播数据：将每场直播的数据直观地呈现出来，以便快速做好用户画像分析，了解用户最喜欢的商品类型、价格、折扣等。

2. 注册巨量百应

巨量百应是一个独立的网站，因此要想使用该网站提供的服务，首先必须注册账号。

（1）登录巨量百应官网（https://buyin.jinritemai.com/）。

（2）单击首页上的"登录"按钮，选择抖音账号、火山账号、头条账号或西瓜账号登录。

（3）根据自己的角色，选择达人、机构服务商、第三方商家或电商平台等进行注册。

（4）每个身份的开通，都需要不同的要求。

资料来源：孔林德. 淘宝、天猫、拼多多、抖音、快乐直播营销一本通［M］. 北京：民主与建设出版社，2020.

蝉妈妈：视频流量变现平台

蝉妈妈（https://www.chanmama.com）是一款数据服务平台，能够为主播和商家提供专业的数据服务。蝉妈妈的数据服务非常详细，在直播领域有直播库、明星看板、直播实时榜、直播商品榜、达人带货榜、土豪送礼榜、礼物收入榜等服务。

1. 商家联系主播

（1）登录蝉妈妈官网，注册账号，并用微信绑定账号。

（2）点击"直播—达人带货榜"按钮，可以看到当前抖音主播带货的销售额排名。

（3）点击其中一位主播，即可查看该主播的总"粉丝"数、总点赞数、总转发数等各项数据，还可以用抖音扫码查看主播的抖音号，然后联系主播进行合作。

2. 主播查找带货商品

（1）点击"直播商品榜"按钮，即可查看当前最受欢迎的商品。

> 小明入驻抖音直播后，想直播他感兴趣的游戏，那么他应该如何进行游戏直播呢？

（2）点击选择其中一项商品，即可查看该商品的价格趋势、佣金比例趋势、淘宝月销量、抖音月销量、30日抖音转化率等数据。

（3）复制链接，添加进抖音的商品分享中，然后就可以直播带货了。

（4）进行游戏直播的方法。

先进入开播页面，将开播模式切换为录屏直播，按步骤开播，如图1-12所示。

资料来源：孔林德. 淘宝、天猫、拼多多、抖音、快乐直播营销一本通［M］. 北京：民主与建设出版社，2020.

图1-12 录屏直播

资源分享

如何挑选适合自己的直播平台

模块一　创建直播账号

任务三　认知快手直播

快手直播发展相对成熟，在用户定位上，快手定位于低线城市的用户群体，下沉用户最为显著，其中三四线用户占比较高，主要的带货商品偏好大众品牌。

快手较早地进入了直播行业，并且开发了一套完善的供应链体系，让商家能够借助主播的名气提升销量，主播也能够借助商家将流量变现。时至今日，快手直播平台已经培养出了一些有代表性的头部主播，这些主播非常了解自己的供应链，并且拥有非常丰富的带货经验，因此可以实现稳定的带货业绩。

很多商家在直播的时候，一直强调品牌的价值而忽略了价格的力量，其实用户对价格是很敏感的。快手上的产品大多为日用品，如生活中常见的美妆、服装、零食等，客单价不高，大多在100元以下，又属于刚需产品。

快手平台比较注重互动性，如果你很擅长追逐热点、制造冲突性的内容，那很适合在快手平台发展。

1. 入驻快手直播

在快手直播的申请页面中清晰列举了开通条件，分别是绑定手机号、当前账号状态良好、作品违规率在要求范围内、满18岁、实名认证，如图1-13所示。

2. 开通快手直播

开通快手直播时，应先登录快手账号，查看账号是否满足开通直播的条件，满足条件即可直接开通。具体开通流程如图1-14所示。

图1-13　开通直播申请条件

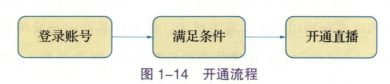

图1-14　开通流程

1）登录账号

下载快手 App 最新版本，已有快手账号的则输入手机号码及验证码进行登录，如图 1-15 所示。

> 手机登录界面，注意查阅及查看用户协议和隐私政策。

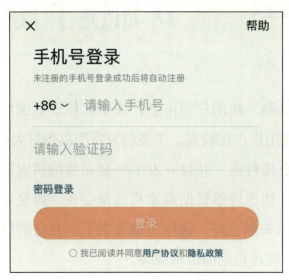

图 1-15　手机号码登录

2）满足条件

查看账号是否满足快手直播的开通条件，全部满足即可开通直播功能。

案例分享

"网红"女主播侮辱国歌被行拘

2018 年 10 月 7 日，拥有 200 万订阅者的虎牙"网红"主播杨某莉（网名莉哥），在直播过程中，公然篡改国歌曲谱，以嬉皮笑脸的方式展现国歌内容，并将国歌作为自己所谓"网络音乐会"的开幕曲。此事引起网民强烈反感，并纷纷向平台进行举报。10 月 10 日，虎牙直播官方微博发表公告称，身为公众人物，主播莉哥的行为违反了《中华人民共和国国歌法》中奏唱国歌时应当举止庄重的相关规定，反映了其法律意识的淡薄和社会责任感的缺失。对此，虎牙平台决定即日起封禁主播莉哥直播间，冻结主播莉哥直播账号，下架全部相关影像作品，对其进行整改教育。莉哥本人也两次在其个人微博发表致歉声明。10 月 13 日，上海警方发表通报称，涉事人杨某莉在其住宅内进行网络直播时，违反了《中华人民共和国国歌法》有关规定，依法对其处以行政拘留 5 日的处罚。

资料来源：佚名."网红"女主播侮辱国歌被行拘 [J].课堂内外（创新作文 高中版），2019（7）：14-15.

3）开通直播

打开快手 App，点击 App 左上角的"≡"图标，打开侧边栏后点击右下角"设置"按钮（图 1-16），点击"开通直播"按钮（图 1-17）。

> 直播界面会有其他正在直播的推荐，包括同城、关注、发现栏目。

图 1-16　打开侧边栏

图 1-17　开通直播

小知识

快手直播的"老铁经济"

接地气是快手的鲜明特色。很多快手主播一边在直播间聊天、唱歌,一边把产品成功地卖了出去。追溯这种现象背后的原因,可以发现它与快手独特的社区氛围有关,"老铁经济"正是快手直播带货的基础。

有知名快手主播自称是"农民CEO",卖的产品有大米、鲜参、蜂蜜、牙膏、羽绒服等,这些产品原本处于供过于求的状态,但是在他的推销下,呈现出供不应求的状态。

快手主打的是下沉市场,因为快手的用户男女比例较为均衡,以三四线城市用户占比最高,形成了独特的小镇风格。对于面向小镇用户的"网红"来说,快手直播是很好的流量变现场所。平台的管理比较宽松,用户结构呈现多样化,因此无论什么产品,都可以在快手上找到受众。另外,快手并不反对"网红"把流量"私有化",如导向自己的微信群、微博账号等。

在快手直播平台上,从主播到观众都默契地遵循着"老铁文化"这一不成文的规则,努力营造出一种亲切、和平、没有距离感的氛围。因此,主播不会在直播间里喊"赶快下单",而是会不厌其烦地强调"需要你就买,不需要你就不买",通过这种理性的销售话术,与观众建立起极强的信任关系。

资料来源:孔林德. 淘宝、天猫、拼多多、抖音、快乐直播营销一本通[M]. 北京:民主与建设出版社,2020.

模块一　创建直播账号

任务四　认知拼多多直播

拼多多是后电商时代崛起的平台，平台具有的拼单团购属性衍生了社交电商。拼多多直播是拼多多推出的直播工具，通过直播间的方式为用户营造更真实、更直观的逛街体验，提升店铺的转化率。

拼多多是一家专注于C2B（Customer to Business，消费者到企业）拼团的第三方社交电商平台，在国内电商平台中占据了十分重要的位置，从成立之初就坚持走大众路线。如今，在淘宝、京东等电商平台相继涉足直播领域时，拼多多也开拓了自己的直播业务。

与淘宝、京东相比，2015年创立的拼多多可谓是后发先至，凭借社交+电商模式，以及移动互联网的高渗透率、物流和服务的完善、小微企业被扶持等，在低价拼团模式的帮助下，成功实现了传播裂变。这种商业模式的实质就是多位用户通过拼单，形成一定的议价能力，从而以优惠的价格买到商品。在直播领域内，拼多多依旧遵循以往的裂变模式。

2019年1月19日，拼多多直播正式上线，简单易行的操作方法吸引了一批直播用户，其中大多数是拼多多商家。拼多多向所有用户开放直播权限，并且定向邀约MCN（multi-channel network，多频道网络）机构，又把平台流量大量向直播倾斜，可以说拼多多几乎将直播带货的门槛完全砍掉了，试图打造人人带货的时代。

虽然起步时间很晚，但是拼多多巨大的用户基数、简单的操作方法使零基础的人也可以开启直播，这为拼多多直播提供了巨大的潜力。对于那些错过了第一波直播风口的商家和中小主播来说，这也是一次重新入场的机会。

1. 开通拼多多的条件

1）个人直播权限申请要求

个人账号开通直播只需完成主播实名认证，即可开通直播权限，如图1-18所示。

根据相关法规，直播需要本人亲自实名认证。

图 1-18　主播实名认证

2）商家直播权限申请要求

（1）开通直播权限后，每周必须保持有 5 天直播，每场直播不得低于 3 个小时。

（2）商家应严格遵守《商家直播手册》，不得出现违禁行为。若违反平台直播规范，平台有权对商家直播权限进行处理。

（3）每场直播数据（包括直播建议、效果、功能体验等）需截图反馈至招商小二。

（4）不得对任何第三方软件导流。

2. 入驻拼多多直播

1）登录拼多多账号

下载最新版本拼多多 App，输入手机号码注册拼多多账号，同意协议并登录账号，如图 1-19 所示。

某主播在拼多多平台做一场零食直播时，直播过程中一直提醒"粉丝"添加她的个人微信，并称会有不定时的零食优惠活动及抽奖，这种做法正确吗？

注册账号时，应注意查阅服务协议与隐私政策。

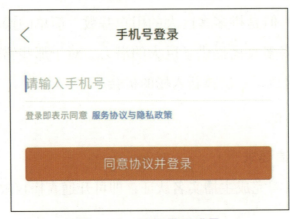

图 1-19　手机号码登录

2）点击"我要直播"按钮

登录后进入"直播"界面，点击右上角"我要直播"按钮，如图1-20所示。

图1-20　点击"我要直播"按钮

> 进入"直播"界面，界面有直播频道推荐。

3）设置直播基本信息

设置直播账号的封面、标题、定位、镜头、美颜、麦克风等信息，如图1-21所示。

4）开始直播

直播间基本信息设置完成后，点击"开始直播"按钮，即可开始直播，如图1-22所示。

> 直播基本信息设置完成后，开始直播。

图1-21　设置直播基本信息

图1-22　开始直播

> 可将直播间分享至微信及QQ平台，开播默认同意《拼多多主播服务协议》。

实训任务

【任务名称】

创建抖音直播账号

【任务背景】

某家电商公司主要业务是运营公司旗下的电商店铺，售卖的产品类目包括美妆和护肤类。平时该公司在微淘、公众号等平台发布产品进行宣传。最近，公司想在抖音平台进行宣传，并且准备往直播方向发展。现在你以抖音运营实习生的身份进入该公司，领导要求你创建个人抖音账号并且开通直播权限。请你利用所学知识完成直播账号的创建。

【任务目标】

（1）了解直播的发展历程。

（2）了解抖音直播账号的入驻条件、开通模式及流程。

（3）熟练掌握抖音直播账号的创建技巧。

【任务要求】

请根据所学知识并结合任务背景，完成抖音直播账号的创建。

【任务步骤】

步骤1：通过网络搜索，了解抖音平台入驻规则。

步骤2：准备创建抖音直播账号所需的相关资料。

步骤3：完成抖音直播账号创建。

效果评价

评价内容	评价标准	分值	得分		
			自我评价	小组互评	教师评价
工作态度	态度端正、工作认真、按时完成	15			
操作技能	熟练掌握抖音直播账号创建	25			
工作效果	成功创建抖音直播账号	50			
职业素养	知识与技能的灵活运用	10			
合计		100			
自我分析	遇到的难点及解决方法				
	不足之处				

模块二

规划直播间内容

情景导入

在进行直播前,主播一定会对当天的直播内容进行规划与整理,以求直播呈现出精彩、独特的效果。没有个性的主播不可能受到网友的关注,没有精彩内容呈现的直播,也很难让消费者兴奋。进行内容规划时需要准备什么呢?

任务分析

在规划直播间内容时，可以通过以下方式完善内容。

一场优秀的直播离不开默契配合的直播团队。直播分工应包括直播策划、场控、活动运营、主播、副播等角色。

一场直播策划的主题是核心。可以通过受众分析，并与市场的热点相结合以确定直播主题。

做一场电商带货直播，商家需要在开播前规划好内容。在规划内容时，可以先分析产品的属性特点，再根据这些特点从垂直化、多元化、多样化、有价值四个角度进行规划。

可通过一些技巧进行直播选品，如按照消费者需求选品、选择高热度直播带货产品、选择高性价比直播带货产品。

完成选品后，还需要对本次直播进行产品信息整理。

一场电商直播的最终目的是销售，需要通过营销手段提高转化率。直播间常见的促销手段包括纪念促销、举例式促销、限定促销、奖励促销。

模块二　规划直播间内容

任务一　做好直播分工

在了解了如何入驻直播平台后，便可以准备第一场直播。

无论是微商还是电商，都有三大关键要点，分别是人、货、场。在电商直播中，"场"指的是电商平台、电商店铺；"货"指的是售卖的商品资源；"人"指的是电商团队及观看直播的客源。在店铺的经营过程中，团队分工明确、相互协助，才能有条不紊地推进整个直播间的运行。

直播是一个动态的过程，主播在镜头前讲解产品并与客户进行互动，镜头后的团队负责产品的上架、答疑等。这就需要在直播前期做好分工，一方面有利于直播的筹备工作，另一方面现场的配合也会更默契。分工一定要考虑各个环节团队的配合，让正式直播有条不紊地进行。直播分工明细如表2-1所示。

表2-1　直播分工明细

直播策划	场控	活动运营	主播	副播
撰写直播策划案	管理淘宝直播间的中控台	跟踪活动执行	直播的核心人物	协助主播完成直播

1. 直播策划

直播策划对直播间有统筹、指导的作用。策划内容需根据主播人设、商品等来编写直播策划方案。

做好电商直播业务的运营，制订电商直播相关运营方案；协助主播做好开播前的准备工作，直播中气氛的活跃与维护；分析不同行业消费者的购物决策路径、产品用途，结合直播平台提供针对性解决方案。

直播策划方案包括：确定本场直播时间和市场；确定直播内容模块，分配商品上架时间、商品上架顺序等；确定直播间互动方式，是发送抽奖福利还是与观众互动；确定直播间背景、前景设置；直播选品策划，直播促单话术策划等。

直播分工有哪些环节？

2. 场控

直播间场控的主要目的是活跃气氛和观众互动，主要任务是协助主播把控直播间氛围、引导观众互动、处理突发状况等，对主播直播节奏有一定的影响。场控有以下几种职能。

1）确定直播流程，熟悉产品

需要提前熟悉直播流程，熟知抽奖时间、分享主题和上货时间等。主播在直播期间偏离主题时，场控应及时发现并提醒。场控不仅要熟悉推广商品的性能、参数等文字上的介绍，还要实际操作，确认是否真如商家所宣传的那样。

2）带动气氛和节奏

直播间气氛会直接影响观众的观感情绪，影响主播推荐效果。场控需要通过引导消费者互动，调节直播间氛围。例如，提出一些引导性问题，带动消费者的积极性。切记，所有的话题最后一定要正向引导，防止舆论失控，导致直播事故。

3）维持直播间秩序

直播间言论自由，观众可以在评论区任意发言，因此直播间常会出现在高人气直播间打商业广告、挖人、带节奏等影响直播间氛围的事情。场控需要留意评论区情况，发现这类情况需要及时清理广告、不符社会主义核心价值观的言论。

案例分享

人民艺起评：莫让低俗成为网络直播的标签
——论低俗网络直播该如何治理

网络直播是交流互动的一种方式，也是休闲娱乐的一项选择，尤其是互联网发展的当下，直播行业已经成为大众娱乐的一种重要形式。但是，不知何时起，低俗成为网络直播行业抹不去的标签，给网络直播行业发展带来不良影响。原本天朗气清的直播环境演变成低俗的温床、庸俗的土壤、媚俗的空间，不仅污染网络生态，更荼毒网友的身心。

众所周知，"色、丑、怪、假、俗、赌"向来都是网络直播的禁区，说是"过街老鼠、人人喊打"也不为过。然而现实中，总有人不死心、不甘心，屡屡博取眼球、频频突破底线。尤其是近日，某平台网络主播"卷毛重头再来"以大量不堪入目的画面大搞低俗直播，并在平台封号后大放厥词"三天后见！"不管是出位的言辞，还是出格的举止，都堪称沦为低俗、走向恶俗、甘于庸俗的典型。

纵观这些无所不用其极的低俗直播，一无任何营养。从炫富拜金的导向到卖惨审丑的现象，可谓既"辣眼睛"更"毒心灵"，于己无益、于人有害。二无任何价值。要么是伤害自己，要么是欺辱他人，除了"毁三观"就是"触底线"，对行业发展乃至社会进步没有贡献哪怕一点积极因素。三无任何前景。无论是谁，纵然名头再响、人气再高，只要吞吐污言秽语、满是低俗下流，最终只有被点名、被禁播、被处罚这一种下场。说到底，谁把出丑当出彩、把反常当正常，谁就会受到公众唾弃、遭到市场淘汰。这是道德规则的约束，也是法律规范的威力。

"看直播中扭扭身体、卖惨卖丑收入就比上班族还高，孩子就吵着说要当主播。"来自家长的担心，道出了网民尤其是青少年网民易受诱导、盲目效仿、沉迷深陷的一大隐忧。事实上，网络直播本质而言是一种"眼球经济"，极具效仿意味和引导效应。如果本该洋溢正能量、传播真善美的镜头，总是上演污言秽语、频频打擦边球，那么长此以往不仅会阻碍直播行业的发展，也在侵蚀风清气正的环境。要知道，网络直播不是"一锤子买卖"，更不是"恶趣垃圾桶"，那些格调品味不高、职业素养堪忧的网络主播的所作所为，无异于误人子弟、引入歧途。

平心而论，近年来网络监管环境明显趋严，内容生产要求持续提高，但低俗直播依然整而难治、禁而不绝，根源就在于有利可图、唯利是图。以矛盾造热度，用热度换流量，靠流量谋利益……这条利益链根深蒂固，这种发财套路大行其道。某种程度上说，追求流量本身并无过错，但这不等于只在乎传播量、曝光量。只见流量，却没有内容含金量；只有名利观，却罔顾健康价值观。这样的直播看似人声鼎沸，实则乌烟瘴气，迟早走上穷途末路。

"不但要整治社会上的流氓，也要整治网上的流氓！"有网友这样形容整治网络"三俗"内容的迫切性。无论是着眼当前还是放眼未来，只有正气不衰，才能人气不减。这么朴素的道理，网络主播们该补上这一课了。

资料来源：程雨. 人民艺起评：莫让低俗成为网络直播的标签[EB/OL].（2022-04-15）[2022-09-01]. http://opinion.people.com.cn/n1/2022/0415/c437948-32400320.html.

4）及时将数据反馈给主播

场控需要关注消费者反馈、直播产品反馈数据，如某款商品在直播间销售数据很好且消费者反馈意见也很好，则应提醒主播继续讲解商品，反之主播可按直播顺序进入下一款商品。这种情况在人气直播间时有发生，在上架某商品后，销售量逐渐上升，而且在直播过程中会有评论提问是否还会加货、购买不上等，此时可以提醒主播协调增加商品数量，以便增加直播间销量。

3. 活动运营

活动运营的主要职责是关注手机淘宝直播官方的活动信息（如"女王节""双十一""双十二"等），跟踪活动执行与优化；负责直播日常、月度、淘宝节日的活动策划及直播排班。

活动运营有以下几种职能。

（1）负责直播间的活动创意设置、策划活动内容，设置活动相关话题、提升互动模式，提高用户活跃度。

（2）设置每场直播目标（包括销售转化、活跃留存率等），推进和保障活动方案的落地执行。

（3）通过对直播数据的跟踪、分析，推进活动改进及策略优化，提升关键指标。

（4）收集行业竞品动态及信息，能跟随热点及时调整、优化直播活动方案。

（5）通过对直播数据的跟踪、分析，推进活动改进及策略优化，提升关键指标。

（6）收集行业竞品动态及信息，能跟随热点及时调整优化直播活动方案。

4. 主播

主播是整个直播间的核心人物，他将带领进入直播间的观众熟悉商品、了解商品的特点、回答直播间观众对商品的提问，引导有购买需求的观众完成购买流程，同时在直播期间与观众互动，活跃店铺气氛，以及维护直播间秩序。

在直播开播前，主播应了解当场直播的全流程，如开播的时间、商品的特点与优势、互动环节、商品售卖顺序等，在直播过程中顺利、自然地向观众展示商品，达到销售的目的。

5. 副播

副播也可以叫作助理，主要工作职责是协助主播。例如，主播介绍服饰有多种颜色，主播和副播可以各穿着一种颜色的衣服，以方便观众进行比较；副播也可以补充说明商品有什么特点、补充说明满减规则、如何领取优惠券等。

副播与主播同时出现在镜头前，在主播短暂离开期间代替展示单品，补充商品购买

模块二 规划直播间内容

细则等。

副播在直播开播前，需要充分了解整个直播的商品、流程，与主播一起制定直播策略，如发放优惠券的方式和时间点，并提前确认直播场地和灯光布置。

正式直播期间，副播需要跟着主播的节奏及时更新产品链接或者发放优惠券，同时帮主播做产品信息补充、为观众演示领券或下单方式。

主播和副播有什么区别？

小测验

1. 直播团队主要职责分工不包括（　　）。

　　A. 策划　　　　　　B. 财务　　　　　　C. 主播　　　　　　D. 场控

2. 直播分工的环节包括（　　）。

　　A. 直播讲解产品　　　　　　　　　　B. 撰写直播策划案

　　C. 管理直播间中控台　　　　　　　　D. 跟踪直播数据

3. 主播的工作任务主要包括（　　）。

　　A. 根据直播气氛与观众互动

　　B. 应对直播间的观众提问

　　C. 引导有购物需求的观众完成购买流程

　　D. 引导观众关注直播间

　　E. 维护频道健康秩序

4. 下列不是直播互动方式的是（　　）。

　　A. 主播甲直播时跟观众连麦聊天

　　B. 主播乙直播时发起抽奖活动

　　C. 主播丙直播时介绍一款促销的产品

　　D. 主播丁直播时向观众提问并发起了一轮投票

5. 下列属于场控职责范围的是（　　）。

　　A. 协助主播把控直播间氛围　　　　　B. 引导观众互动

　　C. 处理突发状况　　　　　　　　　　D. 以上都是

实训任务

【任务名称】

组建直播团队

【任务背景】

小张是某零食品牌的电商运营团队成员，公司主要销售膨化食品、坚果等各类休闲零食。由于疫情的影响，线下渠道普遍业绩不佳，直播电商全面爆发，公司决定抓住这次直播电商的机会，利用淘宝直播平台进行直播推广，由小张组建直播运营团队。

【任务目标】

（1）了解直播团队的成员组成。

（2）知道直播团队各岗位对应的具体工作内容。

（3）组建直播运营团队。

【任务要求】

请根据所学知识并结合任务背景，组建直播运营团队。

【任务步骤】

步骤1：通过网络搜索，了解直播团队中各岗位对应的具体工作内容。

步骤2：根据团队成员情况和岗位需求，组建直播运营团队。

效果评价

评价内容	评价标准	分值	得分		
			自我评价	小组互评	教师评价
工作态度	态度端正、工作认真、按时完成	15			
操作技能	工作完成程度、操作技能掌握程度	25			
工作效果	成功组建直播运营团队	50			
职业素养	知识与技能的灵活运用	10			
合计		100			
自我分析	遇到的难点及解决方法				
	不足之处				

模块二 规划直播间内容

选好直播主题

任务二　选好直播主题

直播的核心是主题。直播的内容需要围绕中心主题进行拓展。首先，要确定此次电商直播的主题及目的，直播活动是为了吸引用户关注、提升品牌知名度，还是为了实现转化、提高销量，有了目标才能制订后续计划。通过目标精准定位人群和市场，结合自己的产品圈定目标用户群体，为直播带来最大的流量提升，也防止团队在后续实施时出现偏离。

如何确认直播主题？首先要根据直播的受众分析他们的兴趣，找一个特色鲜明、能抓住眼球的主题来吸引他们的关注。也可以利用一些热点，热点的特点就是关注度高，吸引的眼球足够多，这也意味着大量的关注和流量。在策划直播时，必须时刻关注市场的发展和变化趋势，尤其要关注市场的热点。网上的热点词汇和事件往往能够带动用户的传播和分享，抓住热点做直播，不仅很容易吸粉，品牌也能够通过热点的传播进行最大范围的扩散。

假设需要确定一个直播卖货主题，那应该如何编写？可以根据以下四种方式选择主题。

1）根据目标人群定主题

不同消费群体有不同的消费心理特点，在确定主题时，应思考本次直播主要的目标人群和市场。例如，本次直播商品中有一款电饭煲，年轻人在乎外形好看、功能便捷、智能化，这时直播主题需要提出外观和便捷性；对于"宝妈"，直播主题需要围绕材质、米饭口感来写。

2）结合客源需求写主题

需要清楚自己直播间关注者的标签，标签包括年龄、性别、职业、消费水平等。

假设开设的是服装直播间，关注者需求是胖人显瘦穿搭，直播主题就要围绕这一需求写，如胖妹妹显高显瘦新品、胖妹妹显瘦穿搭。

3）结合时节写主题

不同的时节，客户需求页有所不同。例如，夏天对产品的需求更加在意清凉、防晒，

> 若小明想进行游戏直播，那么他所确认的主题应该是什么？

而冬天更在意保暖、御寒。

4）根据活动写主题

直播活动一直是用户对直播追求的最大动力，因此，遇到淘宝平台举办大型促销活动时，可利用活动促销优势进行编写。例如，"618福利一元促销""618预售比当天更便宜"等。

案例分享

俗话说，"良好的开始是成功的一半"，选好直播的主题也是如此。一个引人瞩目的优秀直播主题是不可或缺的，因此如何确立直播主题，吸引用户观看直播是直播营销中最关键的一个步骤。

一、明确直播目的

企业要明确直播的目的，如果企业只是想要提高销售量，可以将直播主题指向卖货，吸引用户立马购买；如果企业的目的是通过直播提升企业知名度和品牌影响力，那么直播的主题就要宽泛一些，最重要的是要具有深远的意义。

在策划直播的主题时，应该从自身产品的特点出发，结合其他商家的特点突出自己的优势，或者在直播时向用户介绍一些实用的知识和技巧。这样一来，用户就会对商家产生好感，并最终成为其铁杆粉丝。

例如，淘宝直播中的某些商家在直播中，不仅有产品的直播展示，还会告诉用户应该怎样选择适合自己的产品，让用户在购物的同时还学到了不少的知识，如图2-1所示。

图2-1　产品直播展示

二、迎合用户口味

用户决定了直播的火热与否，没有人气的直播间是无法经营并维持下去的。因此，直播主题的策划应以用户为主，从用户角度出发。

现在关于潮流和美妆的直播比较受欢迎，因为直播的受众大多是年轻群体，对于时尚有自己独特的追求，如"清新夏日，甜美时尚减龄""微胖女孩儿的搭配小技巧"等主题都是用户所喜爱的。

淘宝直播中有些直播间专门直播微胖女生的穿搭技巧。在直播中，主播亲自试穿不同的服装，为用户展现如何利用服装搭配的技巧来塑造身材，同时，如果用户觉得主播试穿的衣服也适合自己的话，就可以点击相关链接直接购买，如图2-2所示。

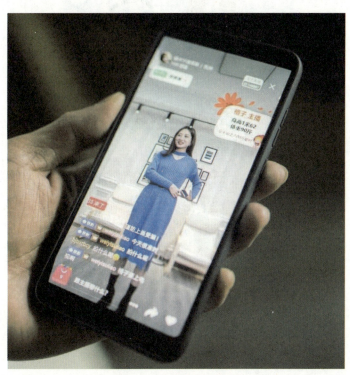

图 2-2　穿搭技巧展示

三、抓住时代热点

在互联网迅速发展的时代，热点就代表了流量，因此，及时抓住时代热点是直播营销的不二选择。在这一点上，企业要做的就是抢占先机，迅速出击。

例如，北京冬奥会立春开幕成为真正意义上的全民热点事件。北京冬奥会不但激发了全民冰雪运动的热情，也激起了各大品牌对奥运营销的满腔热血，早已摩拳擦掌为营销蓄势。憨态可掬的吉祥物冰墩墩狠狠地拉了一波曝光，成为全民乃至全世界的关注。伊利（图2-3）、盼盼、安踏等冬奥会官方赞助商也迅速抓住冰墩墩这一流量密码，接连做出亮眼的直播数据。盼盼在直播间送出 100 个冰墩墩，不到 20 分钟时间，直播间人数从 4 000+ 迅速提升至 1.7 万，在抽奖时间段，人数更是迅速激增，"冰墩墩"的弹幕不断飘屏。在"一墩难求"的情况下，安踏通过送冰墩墩 3 天涨粉 2 万+，最高在线人数达到 1.1 万，直播间场观破 10 万+，冰墩墩是让用户进入直播间的最大功臣。

图 2-3　伊利与冰墩墩

> 小明准备编写直播主题，店铺属于零食店，平台准备举办年货节。那么他所确认的主题应该是什么？

实训任务

【任务名称】

选好直播主题

【任务背景】

小张是某零食品牌的电商运营团队成员，公司主要销售膨化食品、坚果等各类休闲零食。由于疫情的影响，线下渠道普遍业绩不佳，直播电商全面爆发，公司决定抓住这次直播电商的机会进行一场直播。请你在直播开始前，为小张确定直播主题。

【实训目的】

（1）了解直播策划中确认主题的重要性。

模块二 规划直播间内容

（2）知道获取直播主题的渠道。

（3）掌握确定直播主题的思路和方法。

【任务要求】

请根据给定任务背景，完成一场直播主题确认。

【任务步骤】

步骤1：小组活动。4人为一组，到不同平台的零食直播间进行直播主题搜集，了解其他直播间直播主题，并作好记录。

步骤2：确定主题。根据小组搜集到的数据进行分析、讨论并确定直播主题。

效果评价

评价内容	评价标准	分值	得分		
			自我评价	小组互评	教师评价
工作态度	态度端正、工作认真、按时完成	15			
操作技能	全员参与、气氛活跃、记录完整	25			
工作效果	直播主题鲜明，吸引力强	50			
职业素养	知识与技能的灵活运用	10			
合计		100			
自我分析	遇到的难点及解决方法				
	不足之处				

任务三　做好电商直播内容

电商直播的内容运营与新媒体平台的内容运营不一样，电商直播的内容运营始终以带货为目的，因此电商直播内容是手段，不是最终目的。做好电商直播的内容可从图2-4中所示的四个角度进行思考。

> 直播内容的主要趋势是什么？

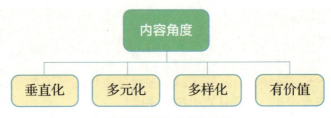

图2-4　电商直播四个内容角度

1. 垂直化的内容

> 小懒作为一个美食主播，在直播间除讲解产品外，还为用户解锁美食吃法，这体现的是什么直播内容？

电商直播行业越来越明显的一个趋势就是，垂直化的直播电商形式正在兴起，直播需要更加专业化的挑战。也就是说，只有深耕垂直赛道的直播电商才能拥有自己的流量护城河。

垂直化直播的优势体现在产品足够垂直，自然也就能结合消费者需求进行定向选品，并且会通过和供应商的沟通，对选品进行二次定制和升级。

从用户角度来看，更加垂直化的直播内容更加容易拥有让消费者印象深刻的形象符号，同时这也是整个商业链条中最简单的一些元素。

例如，买家电更容易想起京东、拼多多的商品百货、刘涛的日用品推荐等。

2. 多元化的内容

> 奖励促销有哪些？

某种程度上说，直播电商之所以能在短时间内获得如此快速的发展，除了疫情的催生，很重要的一点就在于它提升了消费者的购物体验，带来了一种全新的购物模式。

消费者在了解一款商品时，不再依赖于传统的图文详情页介绍，而是在直播间可以通过多维度、立体化的呈现方式了解商品细节；再加上主播实时解答用户心中的困惑，从而有效解决了消费者在购物前充分了解商品信息的需求；直播新科技的发展，未来会带来更加多元化的直播场景。

例如，带货水果就可以直接去水果产区，果园现场直播采摘；带货地方特产美食，主播可以结合当地的风土人情、美食制作过程来进一步让消费者了解所购物品，消费者也将迎来完全不同以往的购物体验。

3. 多样化的内容

准备电商直播内容时，可以考虑内容多样化。例如，你是做带货直播的，那么直播内容可以是场景专题、专业测试、新品试用、高端展示等。

例如，做一场"运动鞋专题直播"，不单单在室内直播间进行试穿展示，也可以在体育馆里面做一个场景专题，这样也会让用户感觉新鲜和好奇。

4. 有价值的内容

随着物产的丰富、供应链的强大，消费者的购物需求已经不再满足于日常所需，而是要在此基础上进行筛选。也就是说，用户要的已经不单单是产品，而是服务。因此，直播电商的未来发展，也必然会朝着满足消费者这一趋势的方向前进，即直播内容更加专业化和帮助消费者做好意见决策。

例如，做一场"零食带货直播"，除讲解产品外，也可以给直播用户解锁一些美食吃法，让用户在享受价格优惠的美食时，也能收获到更多实用好玩的技巧。

实训任务

【任务名称】

规划电商直播内容

【任务背景】

临近新年，公司准备发起一场年货节零食类产品直播，本次直播的主题已经确定，其产品有乐事薯片礼包、三只松鼠大礼包、旺旺年货礼包。作为团队的运营策划人员，请你为本场直播规划内容。

【实训目的】

(1) 了解电商直播的最终目的。

【任务目标】

(1) 了解电商直播内容规划的重要性。

(2) 掌握规划直播间内容的四个角度与方向。

【任务要求】

请根据给定任务背景,选择适合的内容角度,规划电商直播内容。

【任务步骤】

步骤1:观看几大直播平台较为知名的直播间,分析不同平台直播间直播内容的方向。

步骤2:根据任务背景,结合团队情况,制订一场直播基本内容的规划方案。

效果评价

评价内容	评价标准	分值	得分		
			自我评价	小组互评	教师评价
工作态度	态度端正、工作认真、按时完成	15			
操作技能	制定直播基本内容规划方案	25			
工作效果	方案科学、合理,实用性强	50			
职业素养	知识与技能的灵活运用	10			
合计		100			
自我分析	遇到的难点及解决方法				
	不足之处				

模块二 规划直播间内容

 任务四 做好直播选品

1. 直播选品技巧

1）根据关注者选择商品

直播间账号的关注者，是因为直播间有特定属性能够满足自己的需求才关注的，所以在选品上需要了解关注者基础画像（如年龄层次、男女比例，对产品的需求等），这样更有助于商品的售卖及吸引关注者进场观看。

基于关注者基础画像选择售卖哪些商品及商品的款式、颜色等，店铺也可以使用数据分析工具了解用户，如果商品与关注者基础画像重合度较高，就可以考虑在直播间推广该商品。

2）选择高热度直播带货产品

直播与短视频的热点逻辑一样，直播带货也需要热度，吸引观众进入直播间。

与发视频蹭热点的逻辑一样，直播带货产品的选择也可以蹭热度。例如，某位明星带火某款产品，在选品上可以考虑添加该商品；又如，端午节的粽子、中秋节的月饼、夏天的小风扇、冬天的暖手宝等。

也许客户在当下对这款商品的需求不大，但是在商品的高热度下，人们对其保持了高度关注，就算不买，他们也可能会在直播间热烈讨论相关话题，提升直播间热度。

3）选择高性价比直播带货产品

在各类平台的直播带货都有个共同点，即高性价比商品在直播带货中更占优势。

高性价比商品既能保证关注者的权益，又能让关注者对主播产生极高的信任，复购率高。

高频刚需类快消品好售卖，如女性彩妆品、护肤品、服装、生活日用品，这类商品平均客单价（即商场/超市每一个顾客平均购买商品的金额）不会超过200元。因为商品的属性高频、刚需，成本也相对透明，便于消费者囤货。用户可能会在线上线下对比价格，在

> 小红是一个美妆博主，她打算直播，那么她需要注意的选品技巧有哪些？

线上直播间的销售价格可能更便宜,用户在对比过价格后更容易下单,决策成本非常低。

例如,某些直播间的商品多为女性彩妆护肤品,这正满足了当下"90后""00后"年轻女性的购物需求。现在很多直播方会和合作商家签订协议,商品必须是易于销售的刚需产品,消费者能高频复购,还要保证价格是最低的。

4)根据品类选择直播带货产品

在直播平台上,会有相对热门的产品品类,如美妆、零食、家用电器等。主播可在这些热门产品品类中选择自己擅长、账号适合的产品在直播间售卖。

2. 产品信息整理

选品结束后,整理产品信息表,并将商品上架到店铺。

产品信息应包括商品品牌、产品名称、产品规格、库存量、商品卖点、商品折扣活动等信息。

案例分享

辛巴带货假燕窝被罚

因在直播间售卖的燕窝被质疑为"糖水",网红主播辛巴团队疑似售假事件引发关注。广州市市场监督管理局通报,对直播公司作出罚款90万元的行政处罚,对燕窝销售公司作出罚款200万元的行政处罚。

广州市市场监督管理局通报,广州和翊电子商务有限公司作为涉事直播间的开办者,受商品品牌方广州融昱贸易有限公司委托,于2020年9月17日、10月25日,安排主播"时大漂亮"通过快手直播平台推广商品"茗挚碗装风味即食燕窝"。

记者了解到,2020年11月19日,微博名为"王海"的用户公开发布了一份燕窝的检测报告。这份检测结果显示,该主播在直播间售卖的茗挚品牌某款燕窝蔗糖含量为4.8%,而成分表里碳水化合物为5%,并称"确认该产品就是糖水"。

2020年11月27日,网红"辛巴"辛有志在微博上承认,这款茗挚品牌燕窝产品实则为一款燕窝风味饮品,不应当作燕窝制品进行推广。同时提出先行赔付方案,召回直播间销售的全部茗挚品牌燕窝产品,并承担退一赔三的责任。

广州市市场监管部门依法依规对相关当事人进行立案调查。通报显示,主播在直播带货过程中,主播仅凭融昱公司提供的"卖点卡"等内容,加上对商品的个人理解,即对商品进行直播推广,强调商品的燕窝含量足、功效好,未提及商品的真实属性为风味饮品，存在引人误解的商业宣传行为，其行为违反了反不正当竞争法的规定，拟对直播公司作出责令停止违法行为、罚款 90 万元的行政处罚。

此外，直播公司直播期间投放的商品购买链接，是广州融昱贸易有限公司在天猫平台开设的"茗挚旗舰店"，收款和发货等行为均由融昱公司实施。据此，市场监管部门认定涉案商品的销售主体是融昱公司。

通报显示，广州融昱贸易有限公司为直播活动提供的"卖点卡"，以及在天猫"茗挚旗舰店"网店发布的内容，均存在引人误解的商业宣传行为，其行为违反了反不正当竞争法的规定。市场监管部门拟对其作出责令停止违法行为、罚款 200 万元的行政处罚。

资料来源：胡林果. 辛巴带货假燕窝被罚 [EB/OL].（2020-12-24）[2021-07-15]. http://it.people.com.cn/n1/2020/1224/c1009-31977221.html.

整理直播间产品信息表（表 2-2）的目的是帮助主播快速、详细地了解产品，作为单品脚本，方便主播在直播时可以快速查看。

表 2-2 直播间产品信息整理

直播间产品信息									
序号	类别	品牌	产品	规划	原价/元	库存/个	直播间活动	产品卖点	产品链接
1	彩妆	橘朵	四色眼影	奶茶盘/红茶盘	58.8	1 000			
2	彩妆	橘朵	眼线液笔	黑色/酒红色	37.8	999			
3	彩妆	NARS	腮红盘	泰姬陵/蜜桃奶茶色	300	999			
……									

实训任务

【任务名称】

做好直播选品

【任务背景】

"好的选品就成功了一半"，请你利用公司现有产品（表 2-3），选择合适的产品进行直播，也可以将多种产品组合成礼包，需要跟直播主题相关联并说明选择的理由。

> 整理产品信息的目的是什么？

表 2-3 公司现有产品

5元	10元	15元	20元
雪花酥	核桃味瓜子	锅巴	综合果蔬脆
巴旦木	开心果	山楂卷	去骨凤爪
碧根果	榴莲饼	自热火锅	奶香桃酥
关东煮	麻辣牛肉	桶装酸辣粉	小麻花
黑芝麻丸	马卡龙饼干	水果燕麦片	薯片礼包
夹心海苔脆	芒果干	鱼豆腐	真鲜虾条

【任务目标】

(1)了解直播产品基本信息和消费者喜好。

(2)知道产品信息整理的方式。

(3)掌握直播选品的技巧。

【任务要求】

请根据给定产品资源,选定直播产品。

【任务步骤】

步骤1:搜集各个产品的相关信息。

步骤2:根据任务背景,结合团队情况分析,选出最优产品及产品组合。

步骤3:总结分析直播选品的技巧。

效果评价

评价内容	评价标准	分值	得分 自我评价	得分 小组互评	教师评价
工作态度	态度端正、工作认真、按时完成	15			
操作技能	根据直播选品技巧,确定直播商品	25			
工作效果	选品深受消费者欢迎	50			
职业素养	知识与技能的灵活运用	10			
合计		100			

自我分析	遇到的难点及解决方法
	不足之处

模块二 规划直播间内容

任务五 玩转直播营销

直播行业发展到今天，直播营销的方法手段已经非常多样化了，但是很多人对直播营销缺乏一个完整的概念。其实直播营销本质也是一种沟通活动，主播将各种信息传达给多个观众，从而直接或间接促使用户成交订单。直播营销有一些现成的套路模板，只要我们掌握好就能很好地实现营销目标，熟练运用后去尝试更多的玩法。

玩转直播营销

1. 纪念促销

在人人崇尚仪式感的社会里，纪念日营销往往利用的是人们对于特殊日期或者节日的一种仪式感心理。

（1）节日促销，如六一儿童节、七夕情人节等。

（2）会员式促销，如 VIP 特价、会员日等。

（3）特定周期促销，如每周二上新、每月一天半价等。

限定促销的概念及分类？

2. 举例式促销

（1）产品卖点促销，如优质产品、功能促销等。

（2）效果对比式促销，如使用前同使用后对比等。

（3）新品促销，如新品九折、新品送 ×× 等。

直播促销实质上是一种什么活动？它的概念是什么？

3. 限定促销

"物以稀为贵"的观念刺激着人们的购买行为。限定促销法就是为顾客提供独特风格的商品，提供特别的服务，创造一种稀有的氛围，使顾客感受到该商品与众不同。

（1）限时促销，如秒杀、今日有效等。

（2）限量促销，如仅有 100 件、限定款等。

> 纪念促销分为哪些？

> 举例式促销有哪些？

4. 奖励促销

主播在推广产品时，对消费者的消费行为进行心理刺激，即给予奖励。消费者受到奖励后，心理会有一种满足感和愉悦感，对于主播的信任度和购买力将大大增强。

（1）抽奖式促销，如购买抽奖、关注抽奖、抽取幸运观众等。

（2）互动式促销，如签到有礼、收藏有礼、下单有礼等。

（3）优惠券促销，如优惠券、抵价券、现金券、包邮券等。

实训任务

【任务名称】

制定直播促销方案

【任务背景】

直播促销的方式多种多样，选择适合的促销活动能让直播效果锦上添花。请你策划本次年货直播的促销活动方案

【任务目标】

（1）了解直播间常用的促销方式。

（2）知道不同促销方式的最终目的与价值。

（3）掌握直播促销方案制定的技巧。

【任务要求】

根据给定任务背景，制定直播促销方案。

【任务步骤】

步骤1：小组活动。4人为一组，网络搜索，了解直播间常用促销方式。

步骤2：制定方案。根据任务背景，制定直播间促销方案并推荐1名小组代表做交流分享。

模块二　规划直播间内容

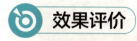 **效果评价**

评价内容	评价标准	分值	得分		
			自我评价	小组互评	教师评价
工作态度	态度端正、工作认真、按时完成	15			
操作技能	能独立制定直播间促销方案	25			
工作效果	方案科学、合理，实用性强	50			
职业素养	知识与技能的灵活运用	10			
合计		100			

自我分析	遇到的难点及解决方法
	不足之处

模块三

策划与筹备电商直播

情景导入

经过几年的发展，直播电商生态系统日趋完善。直播电商基于消费者参与的差异不同，可分为内容电商、社交电商和商业直播。商业直播是用户以参与商业活动实现消费为目的的网络直播，是直播电商中最常见的一类。

直播电商在消费者的购物过程中充当着导购员的角色，通过对商品功能、使用体验等的专业讲解，给用户购物决策提供判断依据。

而今在电商直播泛滥的生态中，直播内容参差不齐，在产品同质化的背景下，如何做到保持自己品牌调性的直播呢？前期策划与筹备很关键。

模块三 策划与筹备电商直播

策划与筹备一场电商直播，新手该注意哪些问题？

首先商家确认直播时间段，可先预计本场直播时长，再根据受众群体及各个时间段的直播特点去选择合适的时间段。

商家在淘宝进行护肤专场的直播，在讲解商品时，要告诉观众这是什么，通过哪个链接可以购买、这个产品的适用人群、为什么要用该产品，以及本次直播间的优惠。

直播开播前我们会先对直播做一个规划，这样在直播时才能有条不紊地执行。在撰写直播脚本时，应该注意直播时间段的选择、直播过程的细节，以及直播时该如何跟观众互动。

做直播时不仅是销售产品与促销活动，直播间的装饰也非常重要。高质量的直播间往往能吸引观众的停留，可在场景装饰上花一些心思。

不管是使用手机直播还是在专业直播间进行直播，都要在播前安排好设备。

任务一　选择正确的直播时间段

直播是一项需要耗费时间的劳动，对时长和时间段的选择，会给直播效果带来深刻的影响。在实际生活中，应当仔细规划。

一个适当的开播启动时间，往往能够快速地吸引"粉丝"，也能让他们尽可能地留在直播间。

> ? 一场直播，我们最少直播多长时间？

1. 直播时长

关于直播时间的长短，各大直播平台没有做出明确的规定，但是直播时长的重要性是毫无疑问的。直播的时间长，意味着直播间有更多的机会得到曝光，它与积累"粉丝"的速度成正比，而这又会最终决定自己的收益。

直播的时间不宜太短，每次直播不应少于30分钟，否则不利于吸引"粉丝"。更重要的是，如果直播时间过短，平台很可能不会把此次直播计算在内，这样我们就会失去得到浮现权的机会。

> ? "粉丝"刷礼物的爆发期是什么时间段？

拥有稳定流量的主播，直播时长大多在5个小时及以上。一些主播能够达到10个小时，但是这样的主播占比较少，因为过于劳累，很难长久坚持下去。

每次直播尽量不要停断，中途不可以长时间空场，否则会给观众留下不专业的印象，还会受到平台的处罚。另外，要避免出现一天内分段直播，如早上开播了两个小时，到了晚上再次开播，这种做法也会影响流量的积累。

> ? 大主播经常在什么时间段进行直播？

一些商家实力雄厚，找了很多主播，24小时不停地直播，每个主播负责1~2个小时，讲解几款产品，然后换上其他主播。这种做法的好处是对商品的介绍较为全面和仔细，而且能够持续吸引观众。但是这种模式显然不适合达人主播。

2. 时间段选择

一般来说,各个平台的相同时间段没有太大的差别,新手主播可以了解各时间段的特点,选择合适自己的时间段,坚持在相同时间直播。切忌经常更换直播时间,这样会导致"粉丝"的黏性降低。

1) 5:00~10:00

5:00~10:00 的人数最少,大部分人还没有起床,这个时间段开播的人数也最少,这就意味着竞争会很小。刚入门的主播可以尝试在这个时间段开播,慢慢积累"粉丝",等掌握了直播技巧之后再尝试在热门时间段播。

2) 13:00~17:00

13:00~17:00 的人数比早上要多,同时也可以避开晚上开播的大主播,因此这个时间段也是适合新手主播尝试的。另外,大部分人在这个时间段比较懒散,会产生无聊心理,我们可以利用这一心理现象,哪怕刚开始经验不足,也可能收获少量"粉丝"。

3) 19:00~24:00

19:00~24:00 是最热门的时间段,大部分人会在这个时间观看直播,同时各种大主播也会安排在这个时间段开播。新人在这个时间段直播可能会遇到很大挑战。

4) 00:00~4:00

00:00~4:00 观看直播的人数也不少。大部分人在这个时间段意志力最薄弱,很容易冲动消费,所以这个时间段是"粉丝"刷礼物的爆发期。有很多主播会集中在这个时间段开播,新手主播可以尝试在这个时间段开播,错开高峰期,稳步沉淀自己的"粉丝"基础、激活自己的内容优势。

实训任务

【任务名称】

选择合适直播时间段

【任务背景】

王强直播团队最近代理了母婴类产品的直播销售,经过一段时间的试播,发现直播间观众人数一直没有明显增长,经过初步探讨,王强团队认为可能是直播时间段不合适,观看和下单的人数较少,所以打算在年货节时换个时间段直播。请你为王强团队选择合适的直播时间段。

【任务目标】

（1）初步了解母婴类产品客户群需求。

（2）分析母婴类产品各时间段的观看数据。

（3）确定母婴类产品直播的最佳时间段。

【任务要求】

请根据所学知识并结合任务背景，为王强团队选择最佳的直播时段。

【任务步骤】

步骤1：小组活动。4人为一组，通过问卷调研母婴类产品客户群，了解各年龄区间、上网时间段及时长等信息。

步骤2：数据分析。通过直播后台数据分析，了解各直播时间段观看数据。

步骤3：交流分享。将分析结果进行整理，完成后派1名小组代表分享小组成果。

效果评价

评价内容	评价标准	分值	得分 自我评价	得分 小组互评	得分 教师评价
工作态度	态度端正、工作认真、按时完成	15			
操作技能	工作完成程度、操作技能掌握程度	25			
工作效果	调研问卷设计准确合理、数据分析客观真实	50			
职业素养	知识与技能的灵活运用	10			
合计		100			

自我分析	遇到的难点及解决方法
	不足之处

模块三　策划与筹备电商直播

任务二　直播商品讲解

产品介绍是电商直播中不可或缺的一部分。在直播中，很多卖家往往急于求成，一味地进行推销，这样容易引起用户的反感，不能很好地释放直播的带货能力。

那么，我们究竟该如何做好产品介绍呢？只有提前准备好产品介绍流程（图3-1），我们才能在直播中做到胸有成竹。

直播商品讲解

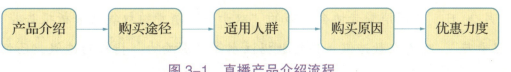

图3-1　直播产品介绍流程

> 在介绍商品时，最重要的两个特点是：简单明了，利益清晰。要具体商品讲解步骤。

1. 产品介绍

主播可以从产品成分、包装、材质、功效等方面对产品进行讲解，如图3-2所示。

图3-2　介绍产品

55

例如："甜蜜之吻系列升级，全新配方，优秀着色力，富含山茶籽油、维生素E、蜂蜡等，建议和××号链接的产品一起使用效果会更好。"

案例分享

直播带货一直被认为是零售行业的风口，但随着带货幕后故事越来越多地被曝光，人们更加认识到直播带货存在许多问题。直播带货到底该如何走得更长远？

1. 直播带货数据造假

直播带货行业发展迅速，越来越多的明星、"网红"、企业家一同涌入直播带货行业，直播带货非常热闹。在"热闹"的背后出现了众多乱象，如品质控制不严格、夸大宣传、数据造假、售后无法跟上等情况。

从2020年下半年开始，占据绝对地位的直播带货被虚假数据的阴霾覆盖，头部带货主播、明星直播带货频频翻车，直播带货数据造假已成为行业常态。

2020年11月20日，中国消费者协会发布的"双十一"消费维权舆情分析报告指出，直播人气"雾里看花"，观看人数造假、销售数据注水等"影响力"指标的造假，已经形成一条产业链。

据文娱新播报报道，2020年11月8日，某明星在自己的直播间进行带货直播，当天共售卖40种产品，包括羽绒服、面膜等，然而一周过去，其中几位商家却找上和该明星签约的直播经纪公司要求赔偿，原因是其当天的销售额完全未达到预期目标，供货商赔得一塌糊涂。据悉，当晚售卖的价值189元的羽绒服只有卖出3 500单才能保证不赔，但是当晚在直播间仅售出180单；99元的面膜售出1.8万件，后续退货近4 000件。

带货能力和数据造假问题已经是行业的常态，很多数据造假行为在行业内看来，并不意外。有行业人士称，整个行业都存在造假行为，如果不造假，数据就会变差，就没有商家投放广告。没有流量就没有溢价能力，通过虚假的数据，营造出高人气假象，便成为直播带货行业的"潜规则"。

2. 整个行业或陷入危机

经济学家宋清辉分析称，如果网络直播带货持续"刷"出"虚假繁荣"，长此以往，整个行业或陷入危机之中。

"当前，刷单、数据造假等'灰色产业链'已经初步形成，若不及时加以严厉整治，轻则扰乱经济秩序，重则影响社会稳定大局。不管是消费者、管理部门还是投资者，社会一系列的反应已经传递出该领域回归理智和降温的信号。"宋清辉说。

对于网络直播带货的"火"，宋清辉认为其"缺乏根基"。在分析网络直播带货的模式运行逻辑时，宋清辉指出，网络直播带货靠的就是"不理智消费"，简言之就是在收割"智商税"，倡导理智和完善的服务终究会令其灭亡。

网经社电子商务研究中心法律权益部分析师蒙慧欣表示，直播带货作为互联网销售宣传新业态，受到不少消费者的追崇，究其迅速发展的原因，一方面是电商平台获客成本提升，想利用直播带货模式促进引流，同时降低获客成本；另一方面是直播带货可以快速激发消费者购买欲望，带动销量。

"当越来越多的平台、主播、商家涌入直播带货行业，就会遇到'流量'发展瓶颈，为了获客不少从业者开始'弄虚作假'打破公平竞争，导致行业无序发展。"蒙慧欣说。

"现实生活总是领先于法律规定的，这叫作法律的滞后性，但是滞后不代表以后不会有，直播领域的法律规定会跟上的，未来也一定会有律师做这方面业务的，纠纷少不了。"王元说。

3.理智对待直播行业

经过近一年的疯狂之后，直播行业的乱象已经越来越清楚，商家同样也逐步认清了直播带货的本质。现在直播带货一般是支付坑位费和佣金。坑位费是相对固定的，佣金则是根据销售量给主播一定比例的提成。

现在很多商家已经开始尝试"纯佣金"的合作模式，可以避免坑位费的风险，同时可以真正检验主播的带货能力。另外，商家已经开始打造自己品牌的直播间，通过自己的品牌优势，进行带货。头部主播加自主直播带货两条路径共同发展。

商家对直播带货开始逐步清晰，已经过了疯狂的劲头。国家政策也逐步完善，2020年11月6日，国家市场监督管理总局发布《关于加强网络直播营销活动监管的指导意见》。该指导意见主要从三个方面规制网络直播营销活动，包括压实有关主体法律责任、严格规范网络直播营销行为、依法查处网络直播营销违法行为。

直播带货确实是新兴的销售方式，整个直播带货行业处于发展初期，需要主播、商家和相关部门共同规范，这样才能将投机者赶出去，整个行业才能更好地发展。

2. 购买途径

主播要告诉观众产品在哪里可以购买，如图3-3所示。

图 3-3 点击购买链接

告知观众购买途径是直播带货不可或缺的一步，很多新手主播容易忽略。不熟悉直播的观众往往不知道如何下单，这时主播需要不厌其烦地进行演示，同时也应提醒观众记得下单。

3. 适用人群

主播要向观众说明适用人群，让其更全面地了解产品特点和功能，这样才能够让观众对自己产生信任，促进下单，如图 3-4 所示。例如，在介绍护肤品时，应说明适用哪种类型的皮肤。如果要购买口红，说明如何选择适合的颜色等。

> 在直播中，主播需要为观众在商品讲解环节讲解什么内容？

图 3-4 适用人群

小知识

主播实用带货话术示例

在生活中,各个直播间的直播流程是大同小异的,因此各个主播的带货话术也具有相似之处。常用的带货话术示例如下。

1. 自我介绍话术

例如:"大家好,欢迎大家来到我的直播间。我的特长在××领域,平时会为大家带来很多精美实惠的产品,谢谢大家支持!"

2. 欢迎用户话术

例如:"欢迎×××进入直播间。咦!这名字很有意思,让我想起了某部电影/小说/游戏里的人物/角色。"

3. 邀请关注话术

例如:"刚进来的小伙伴,可以关注我们直播间,关注主播不迷路。"

4. 邀请加入"粉丝"团话术

例如:"在直播间观看的朋友,可以加入我们的'粉丝'团,在'粉丝'团里可以领取相应的礼物。"

5. 主题活动话术

例如:"这次活动的力度真的很大,千万不要错过,很少会有这么划算的活动,错过真的很可惜。"

6. 直播时间预告

例如:"非常感谢直播间里的小哥哥和小姐姐们,我每天的直播时间是×点到×点,风雨不改。没点关注的记得点关注,点了关注的记得每天准时来玩哦。"

7. 介绍产品的话术

1)介绍产品功能

例如:"我们的这款产品跟市场上的通用版是不一样的,这款是专门定制的,符合××月宝宝的体形,穿着非常舒适。"

2)介绍产品价格

例如:"我们今天为您准备了××款产品,现在介绍的这款是××号,价格是××元。"

3)介绍产品质量

例如:"我们的产品质量是绝对可靠的,杜绝添加剂,对孩子的皮肤不会产生任何刺激。请放心购买使用。"

4）介绍产品价值

例如："感谢您的认可。这款确实很受顾客喜欢，这次优惠太难得了，一定抓住机会啊！"

5）介绍产品售后

例如："感谢参与本次直播活动的所有'粉丝'，有任何问题，都可以联系我们的客服。"

8. 促单话术

1）样品价

例如："这个产品，我们的仓库中还剩50箱，我们就按照样品的价格处理给您。"

2）活动价

例如："我们昨天有一场很大的活动，折扣非常大，您怎么昨天没有来？我可以按照折扣的价格给您，因为我们的单子还没有录，我把单子上的时间也写成昨天好不好？"

3）厂家补贴

例如："享受厂家补贴减300元，我们这个真的没利润了。"

4）满减

例如："满××元减××元。"

5）折扣

例如："这款产品的原价是××元，打×折下来，加上满减和优惠券，现在成交价只要××元。"

6）折扣对比

例如："A产品打×折，B产品打×折，如果您的预算充足的话，我还是建议您选择A款，因为算下来价格相差并不多。"

7）赠品

例如："买这款产品，我们还会赠送您一个小礼品，买多少送多少。"

8）老客户让利

例如："您已经是第二次来我们直播间了，一定会有优惠或者直接返点。"

9）品牌对比

例如："××品牌在行业内是非常有名的，高端品牌的产品质量和人文关怀不是小品牌能比的。"

10）连单送礼

例如:"连单送礼,买三样可以送一个很大的微波炉。"

11）秒杀

例如:"现在是14：30,到15：00的时候有秒杀活动,只有5个名额,一定要抢哟。"

4. 购买原因

观众的注意力是有限的,尤其是在直播带货过程中,主播与观众之间不是面对面、一对一的交流,这时就需要快速抓住观众的眼球。主播在开播前要充分了解产品信息,提炼产品亮点,直播时应根据观众的"痛点",告诉观众要购买该产品的原因,如图3-5所示。

图 3-5　直击用户"痛点"

案例分享

有消费者举报某贸易有限公司在饶某组织下通过某直播平台清货活动进行虚假宣传。

经调查,该贸易有限公司在直播中销售的是牙膏、海盐皂等日化用品。直播中,在主播身后展示了12台苹果手机、10台iPad平板电脑和一张购买苹果手机的发票。发票上赫然写着"大写:柒拾玖万陆仟捌佰伍拾元整,小写:7 968 500元整",声称拍货就有70台苹果手机和20台iPad等礼物赠送。调查证实当事人直播现场出示的购买手机票据为其公司伪造。同时，在这次活动中当事人没有制定有奖销售规则并对外公布。当事人不能提供上述手机、平板电脑的购买地点，也不能提供出相关的赠送证据，只是想通过这种"宣传"达到销售的目的。

当事人的上述行为违反了《中华人民共和国反不正当竞争法》第十条第一、二款"经营者进行有奖销售不得存在下列情形：（一）所设奖的种类、兑奖条件、奖金金额或者奖品等有奖销售信息不明确，影响兑奖；（二）采用谎称有奖或者故意让内定人员中奖的欺骗方式进行有奖销售"的规定，构成违法有奖销售行为。

根据《中华人民共和国反不正当竞争法》第二十二条"经营者违反本法第十条规定进行有奖销售的，由监督检查部门责令停止违法行为，处五万元以上五十万元以下的罚款"的规定，市场监督管理局责令当事人停止违法行为，并处罚款人民币 150 000 元。

5. 优惠力度

直播时应强调产品的优惠力度（图3-6），多注意看屏幕上观众的提问并解答。

例如："××产品原件是98元，老板想冲销量，冲到全网第一。"

图 3-6　强调产品优惠

> **小知识**
>
> **直播间避免尴尬的高情商话术**
>
> 1. 关于明星，多讲正面信息
>
> 很多产品有明星代言，主播为了突出产品的特点，会特意强调："这款产品是由××明星代言的哟！"有时，直播间内也会请明星来走场，帮助提升人气。对于明星，主播一定要保持谨慎，可以讲明星的正面信息，否则有可能在舆论上掀起巨浪。
>
> 2. 不要对品牌捧一踩一
>
> 如今很多品牌采用互联网营销，积累了很多品牌"粉丝"。对品牌而言，这群人意味着忠诚与购买力，在品牌发布新品、做活动时，"粉丝"会购买产品表示支持。因此品牌的"粉丝"也有很强大的力量，各品牌的"粉丝"之间还有可能发生争论，主播最好不要对品牌捧一踩一，以免把自己放在他们的对立面。
>
> 3. 多说"我们"，少说"我"
>
> 在带货的时候，主播应当尽量淡化自己的存在，把直播的重心放在观众身上。多说"我们""咱们""大家"等词语，有助于拉近和观众的距离。少说"我"，多说"你"，可以在言语上提醒观众的存在，同时把话题转给观众，让观众充分表达，激发更多的话题。
>
> 4. 学会自嘲
>
> 适当的自嘲，不仅能够帮助主播化解尴尬，还可以调节主播和"粉丝"之间的气氛，让主播在直播中做到游刃有余。
>
> 5. 重视小细节
>
> 主播每天要面对很多用户，如果在繁忙的工作中，主播还能够记住一些小细节的话，就能获得观众的好感。例如，努力记住每个常出现、常互动的ID及他们的详细情况，然后在直播间里对他们说"××，你好久没来了，最近在忙什么？上次你说想要的衣服，我帮你找了一件"等。
>
> 资料来源：孔林德. 淘宝、天猫、拼多多、抖音、快乐直播营销一本通［M］. 北京：民主与建设出版社，2020.

实训任务

【任务名称】

直播商品讲解

【任务背景】

临近新年，公司准备发起一场年货节零食类产品直播，请你准备一份直播商品讲解的手稿并完成讲解。

【任务目标】

（1）了解电商直播中商品讲解的步骤。

（2）理解直播商品表达方法、内在意义与目的。

（3）掌握商品讲解的方法与技巧。

【任务要求】

根据给定商品资源，撰写商品讲解手稿并能在直播演练中完成商品讲解。

【任务步骤】

步骤1：通过网络搜索，对零食类产品的成分、包装、口感等进行详细了解。

步骤2：撰写商品讲解手稿。

步骤3：在直播演练中进行商品讲解。

效果评价

评价内容	评价标准	分值	得分		
			自我评价	小组互评	教师评价
工作态度	态度端正、工作认真、按时完成	15			
操作技能	能独立撰写直播商品讲解手稿	25			
工作效果	直播手稿科学、合理，实用性强	50			
职业素养	知识与技能的灵活运用	10			
合计		100			

自我分析	遇到的难点及解决方法
	不足之处

模块三　策划与筹备电商直播

任务三　规划直播脚本

拍摄短视频需要脚本，做直播带货同样需要脚本。除了需要制定清晰、详细、可执行的脚本，还要准备应对突发情况的方案，这是直播顺利进行的有力保障。

进行一场带货直播，就像出演一场电影一样，主播就像电影中的主角，而设计直播脚本的人就像编剧，大家各司其职，共同完成整场直播的内容。

一般来说，直播脚本的作用：①增强直播效果，提升吸粉能力；②减少突发状况的发生，增强主播的控场能力；③引导直播间的舆论走向，有助于主播个人IP（influential property，影响力资产）的打造。

学会设计脚本是帮助主播提升直播带货能力的必要条件，任何想要将直播做好的人，都应该对此有所认识，并且努力学着去做。需要注意的是，脚本不是一成不变的，而是需要不断优化的。在每次直播开始之前，主播可以设计一套简单的脚本，练习控场能力，直播结束之后再进行复盘；可以分时间段记录下各种数据和问题，找到需要改进的地方。这样经过长期训练，就会形成一套成熟的直播经验，以后即使没有脚本，也能轻松驾驭。

一、直播脚本分类

直播脚本分为两种：一种是整场直播脚本，是针对直播活动从开始到结束的脚本；另一种是单品直播脚本，是针对每个产品的脚本。

1. 整场直播脚本

在设计整场直播脚本时，我们可以根据时间顺序进行，即从直播开始前一直到直播结束，将中间每个时段要做的事情都列出来。这样做的好处是条理清晰，不容易出现遗漏和错误。

按照时间顺序，整场直播脚本可以划分为以下环节，如图3-7所示。

图3-7 整场直播脚本的环节

1）直播前准备

准备的主要工作有调研用户喜好、分析商品特点、找出商品的优点和缺点等。

2）开场环节

设计开场互动，介绍本次直播的时长，大致介绍商品的种类、数量等，简要说明流程及直播间的福利。

3）单品讲解

介绍商品的各种细节，与副播一起向观众展示商品的使用场景、购买优惠等。在直播过程中，主播必须反复强调此次直播的公告，让观众知道"我在看什么""我能得到什么""有哪些产品和福利"等。一件产品演示15~20分钟，然后停顿5分钟，给观众留下考虑下单的时间，这种节奏是很轻松的。

4）互动环节

在互动环节，主播可以与用户进行一些简单的交流和调侃，期间发放一些红包和优惠券。在设计抽奖环节时，需要注意分成几次进行，不要在直播刚开始就进行抽奖活动，这样是留不住观众的。

5）结语

对整场直播进行一次简短的总结，并且预告下次直播的时间。一个成熟的主播直播带货应该是周期性的，每次直播结束时，都要预告下次的直播时间，提前让观众做好准备。

2. 单品直播脚本

单品直播脚本是针对每个产品设计的，它主要涉及产品的卖点、品牌、优惠方式等。在设计单品直播脚本时，必须熟悉产品的特点。要把产品的亮点、基本特性，以及一些需要特别注意的地方介绍给观众，让观众能够产生直观的感受。

单品直播脚本的主要内容就是对产品的讲解，产品卖点是直播的核心，与"粉丝"的互动则是必不可少的辅助。

二、编写直播脚本

在筹备直播时，我们总会思考什么时候出什么商品、什么时候该出活动、怎么把自己的商品推销出去等，此时我们就需要编写直播脚本，规划整体直播流程。

直播脚本的意义是明确直播主题、把控直播节奏、调度直播分工、引导直播互动，也是把控直播节奏、规划直播流程、达到预期目标的重要一步。

为了帮助大家有条不紊地进行电商直播，我们整理了一份通用的直播脚本模板，如表3-1所示。

表3-1 直播脚本模板

直播脚本					
直播主题	市集活动预告				
直播目标	预告市集摆摊活动，吸引用户到线下参与				
道具准备	打光灯、手机支架、美颜灯				
产品准备	产品：卫衣、公仔、饰品　　福利款：贝雷帽				
直播时间	11月25日　19:00~21:00				
时间段	流程安排	主播	小助理	后台/客服	价格福利
19:00~19:15	"粉丝"日常交流	与进入直播间的"粉丝"随意互动聊天，提醒"粉丝"关注分享直播间，热场留人	截图抽奖	收集中奖信息	
19:15~19:35	分享	分享地摊经济	引导互动		
19:35~20:00	分享	分享自己喜欢的市集及摆摊经验	引导互动		
20:00~20:20	福利赠送	预告市集（市集看点）、摊位、时间，福利赠送	直播间截图	抽奖统计	
20:20~20:50	产品介绍	产品以及活动介绍	产品配合展示	准备产品链接	
20:50~21:00	预告	预告直播结束时间，求关注，约定下场直播			

直播脚本所包括的内容如下。

1. 直播主题

直播的核心是主题。正常直播的内容需要围绕中心主题进行拓展。假设这次的直播是为线下市集活动筹备的，可以定位为市集活动预告。如果是店铺在某日需要发布新品，可以做新品预热，那么直播主题可以是新品预告。

2. 直播目标

主播需要确定本次直播的目标,即通过直播想获得用户量、成交量还是销售额。

3. 道具准备

除了直播间装饰,还需要用到辅助工具,如支架、补光灯、麦克风等。

4. 产品准备

产品准备可以分为售卖的产品、抽奖活动商品等。需要明确哪些产品是福利、哪些是设置抽奖互动的商品。

5. 直播时间

确定直播的时间段。直播时间段的不同,也会影响观看人数。10:00~12:00、12:00~16:00、18:00~24:00 的直播效果是最好的,其中 18:00~24:00 是直播的黄金时间段。

6. 时间段

这里的时间段指整个直播间的时间规划。以 30 分钟带货脚本为例,分布时间如表 3-2 所示。

表 3-2 30 分钟带货脚本

时间	直播内容
开头	直播刚开播,跟刚进场的观众打招呼、热场
1~5 分钟	剧透今日直播的商品内容、主推款、秒杀款、抽奖时间。提醒观众关注直播间、留意直播间
10~20 分钟	将今日所有的款式快速全部过一遍,让观众对今日的商品有大致认知
半小时(带货)	正式进入逐个产品推荐
最后一个小时	留意评论区、商品销量,对呼声较高的商品进行返场,提高直播间销量
最后 10 分钟	预告明天直播的商品
最后 1 分钟	强调关注主播、明天开播时间及福利

7. 直播过程

直播时,主播与观众的实时交互,能够让观众感知到切身服务,自己的诉求可以较快得到相应,主播也能够很快得知观众的反馈。主播的带动,可

> 直播的流程有哪些?

以直接影响直播间的转化率。对于每个产品的介绍，应根据直播过程进行，如图3-8所示。

图 3-8　直播过程

8. 互动说明

1）引导观众关注及分享直播间

关注及分享直播间，就能够领取红包/店铺优惠券等。

2）引导观众发表评论

介绍完产品后，让观众参与进来，增加互动。

3）福利领取方式指导

引导观众参与直播间的福利活动，并进行指导。

9. 人员安排

直播间内不止需要主播，还需要直播团队。主播负责引导观众、介绍商品、解释活动规则；助理负责现场互动、活跃气氛、回复评论、发送优惠信息等；后台客服负责上架商品、修改商品价格、核实抽奖信息等。

实训任务

【任务名称】

撰写直播脚本

【任务背景】

确定直播主题和选品之后，你需要为本次活动策划一份直播脚本。请你利用所学的知识完成本场直播脚本的撰写。

【任务目标】

（1）了解直播过程中产品介绍的流程。

（2）熟悉电商直播与观众的互动方式。

（3）熟练掌握直播脚本撰写的方法与技巧。

【任务要求】

能根据给定任务背景，完成直播脚本的撰写。

【任务步骤】

步骤1：小组活动。4人为一组，讨论并确定直播主题。

步骤2：撰写脚本。围绕直播主题，讨论直播目标、准备道具、活动安排、直播时间、时间段划分、直播过程、互动、人员安排等，并完成直播脚本的撰写。

效果评价

评价内容	评价标准	分值	得分		
			自我评价	小组互评	教师评价
工作态度	态度端正、工作认真、按时完成	15			
操作技能	能独立撰写直播脚本	25			
工作效果	脚本科学、合理，操作性强	50			
职业素养	知识与技能的灵活运用	10			
合计		100			

自我分析	遇到的难点及解决方法
	不足之处

模块三　策划与筹备电商直播

 任务四　直播间布置与设备

直播间的观看人数与直播间有一定的关系。观众刷到的第一瞬间会看到主播和直播间的背景布置，形成第一印象，也决定了其会在直播间观看的时长。除了主播出镜，我们还需要对直播间进行布置，让观众对直播间产生观看兴趣。

直播间布置与设备

一、打造高质量直播间

1. 直播间的前期规划

直播间场景的前期规划需要明确直播间的使用场地大小及装修成本。

场地大小取决于企业可布置直播间的面积。现在直播间有两种情况：一种是达人直播，这种通常是MCN机构签约主播，场地由机构安排会出现场地不够用或场地太多的情况；另一种是店铺直播，直接是在商家内部进行。

直播间的场地空间大小视具体带货品类而决定。如果品类是美妆、小型日用品等，对空间要求较小，能放下展示的桌子空间即可；如果是服饰类，需要给观众呈现穿搭效果的，则需要在5平方米以上的空间内才能施展。

假设现在是一个美搭类个人直播间（图3-9），场地标准为8~15平方米，团队直播则为20~40平方米。

2. 用配饰提升直播间的格调

很多主播在直播时会比较注重自己的服装和发型。其实，除了服装和发型，直播时可以利用一些配饰对直播间进行点缀。

图3-9　美搭类直播间场地

1）直播间的整体布置

主播是直播间里的主角，而直播间的布置就是主播的第二张脸。直播间背景布置得好看与否，也会影响观众的观看体验。

（1）干净整洁是第一标准。大多数主播是在直播间内完成工作的。房间的面积有限，出现在镜头里的空间也是有限的。无论直播间里卖什么产品，都要保持干净整洁，把有限的空间打理得清清爽爽，光线亮度合适。例如，卖衣服的直播间里，不应该把衣服扔得到处都是。最好把衣服收拾整齐，放在衣架上，或者干脆试穿完后，就把衣服移出镜头。

（2）根据需求选择装饰风格。装饰风格有很多，包括中式、欧式、韩式、美式、地中海式等，还有简约、豪华、原生态等区别，主播可以根据自己的喜好，以及带货商品的种类来选择装饰风格。

（3）桌子的布置。毋庸置疑，在空间有限的直播间中，最重要的家具就是桌子。现在有很多直播专用桌子，不仅可以用来放直播设备、补光灯，还给助理留了位置，一桌多用，而且移动很方便，可以随时改变位置。桌子的高低可以根据个人的喜好进行调整，但是最好不要太低，以免桌子移出镜头；也不要太高，以免挡住观众的视线。

（4）直播间的背景。直播间的背景最好保持清雅、素净。一张好看的墙纸可以让直播间瞬间增色，彻底摆脱单调与沉闷。尽量避免选择过于个性或花哨的墙纸，否则会影响主播的气质，同时减少直播的受众。

2）用小物品装饰直播间

（1）装饰点缀。为了避免让直播间看上去太空旷，可以适当地丰富直播间背景。例如，在直播间里放上一些盆栽，或者在货架上摆放一些卡通玩偶。节假日里可以适当地布置一些与节日气息相关的东西，或者配上节日的妆容和服装等，以此来吸引观众的目光，提升直播间人气。

> 可从主色调及场景道具等方面进行装饰。

（2）置物架。在直播间里摆放一个置物架，然后摆上要直播的相关商品，让直播间看上去就像主播的私人宝库一样。例如，有些主播的直播间里就曾经摆放了几个货架，货架上满满的都是化妆品，让很多女生羡慕不已。

（3）绿植。为了让直播间看起来更有活力，我们也可以在直播间背景中放置一些绿植，如仙人球、绿萝等。绿植不仅有净化空气的作用，还具有赏心悦目的效果。

（4）其他物品。除了以上物品，直播间里的其他常用物品如灯具、手机支架等，也应该遵循同样的原则，起到点缀的作用，而不是摆放得杂乱无章。

直播间装修风格如图3-10所示。

图3-10　直播间装修风格

3）主播的个人佩饰

主播的个人佩饰也很重要，佩饰搭配得合适，会让用户感到愉悦。如果使用了不恰当的佩饰，会让用户感到十分怪异。

（1）项链。项链对于主播的造型非常重要，搭配得当可以让单调的装束立刻鲜活起来。主播可以根据自己的身形选择项链：身材中等的主播在选择项链时不要过长或过短，靠近胸部上方刚刚好；身材娇小的主播可以选择长一点的项链，但是不能超过胸部。

（2）帽子。大多数带货主播是不戴帽子的，这样做是为了避免遮挡面部，但是对于推销服装的主播来说，在试穿衣服时，也可以选择合适的帽子进行搭配。渔夫帽看起来很活泼，棒球帽显得很可爱，贝雷帽则会给人一种酷酷的感觉。

（3）耳钉、耳环。耳钉和耳环具有修饰脸型的作用，可以中和脸部线条，让脸庞显得更秀气。但是要注意耳钉和耳环的风格，谨慎选择造型夸张的耳环。造型夸张的耳环适合用来搭配露肩装、吊带装等。

（4）眼镜。眼镜不仅可以为整体造型加分，还是保护眼睛的好帮手。主播可以根据自己的脸型选择一副适合自己的眼镜。通常来说，窄框眼镜适合短发、身材娇小的主播；大框眼镜显得大方得体；圆框眼镜则让人感觉柔和舒适。

> 对于直播间的空间规划，可以从哪三个方面入手？

3. 场地空间规划

场地空间规划可以从以下三个方面着手。

首先，货品陈列。当场直播涉及的商品需要怎么摆放，出镜的商品摆放在哪里，在开播前都要提前规划。

以护肤品直播间展示为例，摆放本次直播的推荐款、热卖款或新款等，展示在直播间前方，观众可以直观看到商品，如图3-11所示。

图3-11 货品陈列规划

其次，设备。摄影器材与主播之间的距离要合适，镜头离得太近会不利于展示商品，局限性大；镜头离得太远，观众会看不清产品的近景。在开播前，工作人员应测试镜头与主播、展示区的距离是否合适，调整适合的距离做好标记，这样即使有所移动也能摆放回原来的位置。

最后，团队人员安排。如果有助播、副播或者服装多人展示，需要提前确定基本站位，在直播中就不会两人重叠或在镜头前晃动影响商品展示，如图3-12所示。

图 3-12 场地空间规划

4. 环境灯光

灯光是直播间必不可少的，光线不足会导致整个直播画面的暗沉，观看体验感下降。

1）灯具的选择

（1）室内灯。直播时，应当保持室内明亮，首先要打开室内灯，确保整体明度，保证亮度适中，且顶灯的光线散布均匀。

（2）补光灯。大多数主播会用补光灯照亮面部，以便让观众更容易看清自己的脸。现在主播常用的补光灯是环形补光灯。

（3）小灯串。主播还可以布置一些小灯串，以便渲染气氛，但是不可太亮，以免分散观众的注意力。遇到一些特殊情况时，还会需要特定点光源，但不可持续使用超过一分钟。

（4）摄影灯。一些主播的直播间布置得十分专业，他们不使用房间里的顶灯，而是使用专业的摄影灯替代。摄影灯可以有效减少画面的噪点，尤其是在夜间的户外场景下，更能够提升直播质量。

（5）柔光箱。柔光箱是配合使用摄影灯的部件，由柔光罩和柔光布构成，可以有效发散光源，使光线均匀地分布出去。

（6）反光伞。反光伞有良好的反光性能，可以调节闪光灯光线的色温。在摄影中，最常采用的反光伞大多是白色或银色的。

（7）遮光板。遮光板的作用是遮挡强光，使强光变弱，达到合适的光比，使拍摄效果更好。

2）布光的角度

购置了灯具以后，如何合理地进行布光，也是一门学问。通常，主播需要根据实际需求选择灯具和布光。例如，美妆类主播在直播时会在桌子前摆放多个圆形布光灯，因为他们介绍的产品大多是化妆品这样的小物件，需要在工作台上展示。对于一些较大的物件，如外套、裤子等，需要主播站起身来展示的，就可以使用一些较大的摄影灯。

（1）主光。放置在主播的正面，负责主要照明，与直播镜头呈0°~15°夹角，能使主播的脸部受光均匀。

（2）辅助光。放置在侧面，起到辅助作用，增加整体的立体感，突出主播和商品的侧面轮廓。

（3）轮廓光，又称逆光，放置在主播的身后位，可以起到突出主体的作用，通常光线较弱。

（4）顶光。从头顶位置照射，通常使用房间里的大灯。顶光的亮度应当仅次于主光，给背景和地面增加照明，同时增强瘦脸效果。

（5）背景光，又称环境光，为背景照明，主要作用是调整直播间的光线，避免某些地方过暗。

直播间环境灯光如图3-13所示。

图3-13　直播间环境灯光

案例分享

随着"直播带货"销售模式的迅速发展,越来越多的消费者通过"直播间"购买金银珠宝等首饰,但由于珠宝首饰良莠不齐,直播带货中虚假宣传、以次充好等情况时有发生,容易引起消费纠纷。据全国12315平台数据获悉,2021年上半年佛山市市场监督管理部门共受理首饰类投诉1 356件,其中,涉及直播消费的投诉占总量的四成以上,投诉主要反映玉石、黄金首饰等商品质量、售后服务等问题。

2021年4月,张先生在淘宝平台直播间购买了一个价值一万多元的玉石手镯,直播时商家承诺无裂纹,收到货后发现手镯有两条裂纹,而且款式与直播时展示的照片差别很大,消费者与商家协商退货,商家态度差并且拒绝沟通,无奈之下,张先生向市场监管部门反映,经部门工作人员调解,商家作退货退款处理,张先生接受,双方达成调解协议。

佛山市市场监督管理部门提醒广大消费者,通过直播间购买首饰时要擦亮双眼,防止踩雷,谨慎消费。

一、不要轻信"直播噱头"

翡翠玉石等首饰在直播间灯光下呈现的效果与实际外观会有一定的差别,交易后出现货不对版的情况时有发生,建议消费者不要过于信赖直播间展示的、可能经过图像软件处理过的图片,也不要轻信主播的"天然无加工、直播秒杀最后100件、明星同款"等"噱头"语,购买前向商家仔细了解首饰的材质、重量、鉴定证书等信息,可以让商家提供不同灯光环境下拍摄的实物图片和动态视频,不要被主播快节奏的言语影响辨别能力,须保持理性消费。

二、不要与主播私下交易

部分主播在直播间介绍商品时以"加微信发实物图、加微信领优惠券"等理由与消费者私下交易,交易后与消费者失去联系。建议消费者选择信誉度高、管理规范、售后服务完善的直播电商平台,尽量使用第三方支付担保交易,不与主播私下交易,不轻信、接受任何直接汇款至个人账户的理由和要求。

三、不要冲动定制首饰

部分消费者喜欢定制个性化首饰,根据《消费者权益保护法》规定,消费者定制的商品不适用七天无理由退货,所以不建议消费者在直播秒杀时冲动定制首饰饰品,如需定制购买,建议提前与商家约定退换、退货、维修等售后服务内容,保障个人合法权益。

消费者通过直播平台消费时要有取证维权意识，及时保存好主播推荐的首饰图片、视频、活动页面等作为证据，保留交易凭证，如遇消费纠纷，可通过全国12315平台（网站、微信公众号、小程序、手机App等）或拨打12345/12315热线反映，维护自身合法权益。

资料来源：佛山市市场监督管理局（知识产权局）.直播间里买首饰 擦亮双眼"防踩雷"（2021-08-17）[2022-09-01]. http://fsamr.foshan.gov.cn/zmhd/tsjb/xfjsjal/content/post_4920830.html.

二、手机直播设备清单

1. 两部手机

手机直播需配置两部手机，一部手机用作直播，一部手机用作伴奏或用作客服。

手机配置：内存充足、像素高、性能稳定。用于直播的手机应画质清晰，传输中不会压缩；直播稳定性好。

2. 一个外置声卡

使用声卡，可以降低声音的杂音、延迟失真等。娱乐类的声卡还有混响、电话音、降噪、变声等功能。

外置声卡需要兼容手机、电脑、平板，支持双设备连接，即支持两个手机直播，这样就能满足两个人同时直播或多平台直播。

3. 一个麦克风

仅直接使用手机收音，主播需要大声讲话，观众才能更好地听到讲解，而外置一个麦克风，收音更加清晰、平稳，杂音会更少。

麦克风的作用主要是防止爆音和杂音，大部分主播使用的是电容麦克风。这种麦克风的优点是频率范围广，音色细腻，声音很丰富；缺点是对环境要求高，价格稍贵。

4. 便携防抖设备

1）手机支架

在直播的过程中，主播有时需要使用手机查看直播间的留言和弹幕，此时可以用手机支架将手机固定在桌面上。

模块三　策划与筹备电商直播

2）三脚架和云台

三脚架的主要作用是固定摄像头和云台，配套使用能大大提升相机的稳固性，避免画面抖动、模糊。三脚架可以和手机支架搭配使用。云台是固定、安装摄影装备的支持设备，分为固定云台和电动云台两种。

5. 监听耳机

耳机主要是用来监听自己的声音，有入耳式、头戴式的，一般入耳式的就可以，根据需要可选择双插头、加长线的。

6. 补光灯

环形补光灯是目前大家普遍使用的，可调节光（暖光、白光、柔光），俗称美颜灯，大小一般在10~18寸，根据直播场景选择。建议选择暖光和柔光比较好。

7. 网络要求

直播带货营销和短视频营销的根本区别，就在于内容呈现的方式不一样。直播需要主播和观众实时进行，而短视频可以提前录制再上传。

1）网络信号

网络信号是完成直播的基础条件，信号不好就无法进行高质量的直播，因此直播首先要解决的是网络信号问题。在室内直播还可以使用WiFi，如果没有WiFi或者在户外进行直播，就只能使用流量了。

2）网络套餐

主播可以根据地区的具体情况选择宽带服务商。从理论上来说，20M以上的宽带就可以满足直播的需求。如果在户外直播，可以使用手机流量，也可以准备一个无线网卡和随身Wi-Fi。

8. 直播间设备清单

职业主播最好有一间固定的直播间，很多"网红"公司会搭建直播间供主播使用。那么一个直播间需要哪些设备呢？

> 直播间的设备包括哪些？

1）电脑

电脑的处理器性能明显超过手机，操作界面也比手机更宽广，因此后台人员可以使用电脑同时处理多项任务，如OBS推流、店铺运营、售后服务等。直播带货和游戏直播不同，只需要对视频画面进行直播处理，所以对CPU（central processing unit，中央处理器）的要求不高。

2）高清摄像头

专业高清 1080P 摄像，支持美颜。

3）补光灯

可在直播间前面放置一个白光灯、一个暖光灯，后面也放置一个白光灯、一个暖光灯，这样打出来的灯光是立体的。

4）背景布置

直播背景总体要求是干净明亮、整洁大方，商家根据自己的直播间调性，选择和自己契合的风格，极易让观众有代入感，从而沉浸在直播氛围中。

直播背景可以选择粘贴墙纸等装饰，可选用浅色的背景布。节假日时可以适当地布置一些与节日气息相关的物品，以此来吸引观众的目光，提升直播间人气。

实训任务

【任务名称】

童装类直播间的布置

【任务背景】

某直播团队将要对童装类商品进行售卖，需要对直播间场景进行布置。请你运用所学知识进行该直播间的布置。

【任务目标】

知道直播间场景布置的重要性。

掌握直播间设备的安装、场景布置的方法与技巧。

【任务要求】

根据给定任务背景，完成直播间设备的布置。

【任务步骤】

步骤1：4人一组，进行直播间场景设计，绘制出设计手稿。

步骤2：罗列出场景设计中需要的设备清单。

步骤3：完成直播间设备的布置。

模块三 策划与筹备电商直播

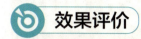 **效果评价**

评价内容	评价标准	分值	得分		
			自我评价	小组互评	教师评价
工作态度	态度端正、工作认真、按时完成	15			
操作技能	能独立进行直播间的布置	25			
工作效果	科学、合理，吸引力强	50			
职业素养	知识与技能的灵活运用	10			
合计		100			
自我分析	遇到的难点及解决方法				
	不足之处				

模块四

实施与执行电商直播

情景导入

在2021年12月月底,受到"双减"政策巨大影响的新东方选择成立东方甄选,进军直播带货。俞敏洪的直播带货首秀确实掀起了一阵热潮,据多家媒体报道,俞敏洪开播10分钟就卖出了10万元商品,当天达到了460万元销售额。但自此之后,东方甄选的带货成绩可以说是"高开低走",日销售额徘徊在几十万元,最低的时候甚至只有十几万元。

相关人士就曾分析过东方甄选直播间里存在的问题,如直播间没有玩"9块9抢福袋""1元秒杀""免费送"等套路,积攒不上人气;主播没有打造好人设,没有给观众建立起"直播间有好货"的概念;选品集中在农产品和图书,但农产品的客单价太高,大家不买账……

事情的转折点发生在2022年6月初,东方甄选连发了多条短视频介绍"新东方直播间转型,用双语形式带货"。这些视频给直播间带来了不错的引流效果。6月9日,直播间的销售额就从前几天的100万元左右攀升至300多万元,直至6月10日迎来了全面爆发。

为什么新东方直播间转型后能爆火出圈?运营社认为,这取决于直播间本身的内容形式,与此同时也离不开抖音在背后的"推动"。

普通商家该如何实施与执行一场电商直播?

模块四 实施与执行电商直播

🎯 任务分析

一场直播的开场一定要让观众感兴趣，只有感兴趣观众才会在直播间停留。要让观众迅速融入直播间场景，可以通过直白介绍、提出问题、抛出数据、借助热点等方式作为一个直播的开场。

若商家想让直播间更加活跃，可适当地增加一些互动环节，增加互动的方法有很多，包括直播红包、礼物赠送、发起任务、弹幕互动等形式。

直播收尾需要考虑的问题就是本场直播的转化。主播在直播快结束时，可适当营造抢购气氛，让用户快速下单，并预告下场直播时间。

若商家想做一场电商带货直播，在开播前应该对本次直播做预热，可以拍短视频预热，也可在直播平台直接用文字的形式进行预热，以及在第三方平台进行站外预热。

任务一 做好直播预热

"酒香不怕巷子深",但如今直播市场竞争日益激烈,如果不进行宣传很难打开市场。所以不仅要做好直播内容,也要做好宣传。很多新手抱怨开通直播后没有多少人气,其中很大一个原因是没有进行预热。广告的重要性不言而喻,首先要把自己开通直播间并且即将进行直播的信息告诉给观众,以吸引更多的观众进入直播间。在直播预热环节,一定要注意以下三点:①预热时间越充足越好,一般一周前就开始预热;②尽可能覆盖多渠道,如微信、朋友圈、微博等,找到一切可能覆盖到用户的渠道预热;③宣传方式要多样,进行多角度预热。

1. 视频预热

直播的核心主题是直播预告,告诉观众直播时间和福利,这就是直播预热视频(图4-1)。

> 直播预热的方式有哪些?

图4-1 通过视频形式预热

很多时候当我们看到直播预热视频时，主播正好在进行直播，我们就能直接从短视频的头像进入直播间。

用户看到直播预热视频时，直播还没有开始，那么我们可以用什么样的直播预热视频形式来为直播间引流呢？如果你的账号上，有播放量、点赞、转发等数据较好的视频，可以给视频投放 dou+（抖音平台的一款视频/直播加热工具），投放 dou+ 的同时段就开始直播。这样当用户看到你的短视频时，就能直接从短视频的头像进入直播间。

2. 文字预热

文字预热提前预告抖音直播时间，文字可以放在个人简介、昵称上，预告内容简单明了，讲清楚直播时间、直播主题。此外，稳定开播天数和时长，找到适合自己的开播时间段，观众才会越来越多。例如，每周直播间定时宠粉，如图 4-2 所示。

图 4-2　通过文字形式预热

3. 站外预热

除了站内个人简介，还可以利用第三方平台，如微博、微信、小红书、今日头条等站外平台，为自己的直播间进行预热宣传，如图 4-3 所示。

图 4-3　微博预热

实训任务

【任务名称】

直播预热

【任务背景】

直播团队即将对童装类商品进行直播售卖,在直播前需要进行预热。请你根据售卖品类选择合适的预热方式并撰写预热脚本。

【任务目标】

(1)知道预热的主要方式。

(2)掌握主要预热方式的具体方法。

【任务要求】

根据给定任务背景,完成本场直播预热。

【任务步骤】

步骤1:确定预热方式。4人为一组,讨论确定好预热的时间、方式。

步骤2:撰写预热脚本。包括预告的时间、品类、方式,发布平台等。

步骤3:执行一场直播预热活动。

效果评价

评价内容	评价标准	分值	得分		
			自我评价	小组互评	教师评价
工作态度	态度端正、工作认真、按时完成	15			
操作技能	能够正确选择预热方式和撰写预热脚本	25			
工作效果	科学、合理,吸引力强	50			
职业素养	知识与技能的灵活运用	10			
合计		100			
自我分析	遇到的难点及解决方法				
	不足之处				

模块四 实施与执行电商直播

任务二　直播开场的技巧

直播开场的技巧

1. 开场要素

1）不断抛出话题

很多新手主播在进行自我介绍后会冷场，这是直播的大忌。我们要不断地主动抛出话题，让每个进入直播间的观众都能感受到氛围。

例如，我们可以热情地跟每个进入直播间的观众打招呼，可以念出他们的昵称；说一说今天自己经历的有趣的事；认真回复每一条评论。

2）引发观众好奇心

人都有好奇心，我们要充分利用这种心理进行直播热场，在直播开场的时候唤起观众的好奇心，能让接下来的直播顺利很多。

例如，利用观众对新鲜产品的好奇心，我们可以准备福袋、新品等，在直播开场就告诉观众，隔一段时间送福利，引起观众对福利的好奇心。

3）强化个人标签

要让别人谈论起某个关键词就能想到你，给自己打造一个或多个个性化标签。例如，东方甄选直播间的双语直播，凭借情怀与文化实现了自身的飞跃。

2. 开场形式

直播开场的前10分钟是这场直播最重要的时间，掌握几种常见的直播开场形式，可以让我们在前期避免冷场。

常见的直播开场形式有四种：直白介绍、提出问题、抛出数据、借助热点，如图4-4所示。

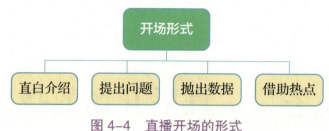

图 4-4 直播开场的形式

1）直白介绍

可以在直播开始的时候，简单直接地告诉观众本场直播的内容，如主播个人介绍、直播时间、直播环节、本场直播的福利等。

参考话术："大家晚上好！喜欢我的朋友们请动动你们的小手，点击我的头像进行关注，这样就可以随时随地来看我的直播啦！主播每天在这里等你哦！"

2）提出问题

开场提问可以很好地增加观众互动，激发观众的观看兴趣，因为人对问句的形式特别敏感，提问能够让观众由被动接受转为主动思考。例如，一个优秀的直播带货主播应该具备哪些能力？

这样一个问题就能让观众去联想，进而能够快速进入参与状态。

同时开场提问还能够了解观众的组成，拉近与观众的距离感，让观众觉得自己是在跟主播互相交流而不是被动地接收信息。

3）抛出数据

数据最容易让人记住，在直播中我们可以充分利用数字的魅力。如在开场时，抛出本场直播的关键数据，包括价格、折扣、限量等，从而给观众留下深刻印象。

4）借助热点

利用最近的网络热点开场，能够轻易拉近与观众的距离，形成讨论的氛围，增加主播和观众之间的互动。

实训任务

【任务名称】

直播开场技巧

【任务背景】

最近店铺上架了一些新产品——酸话梅、芝士面包、螺蛳粉，为了推广新品，团队准备做一场直播进行新品促销。需要撰写一份直播策划案并且执行，策划案应包括直播开场、互动、收尾的一些细节。请你利用所学的知识策划本次直播的开场。

【任务目标】

（1）了解电商直播开场要素。

（2）了解电商直播开场形式。

（3）掌握电商直播开场技巧。

【任务要求】

能够根据给定任务背景，撰写直播开场稿。

【任务步骤】

步骤1：小组活动。4人为一组，讨论确定直播主题，根据开场要素、开场形式等撰写开场稿。

步骤2：根据开场方案进行现场演练。

效果评价

评价内容	评价标准	分值	得分		
			自我评价	小组互评	教师评价
工作态度	态度端正、工作认真、按时完成	15			
操作技能	能够掌握直播开场技巧	25			
工作效果	科学、合理，吸引力强	50			
职业素养	知识与技能的灵活运用	10			
合计		100			
自我分析	遇到的难点及解决方法				
	不足之处				

任务三 做好互动直播

1. 直播互动四象限

直播活动中的互动,由发起和奖励两个要素组成。其中,发起方决定了互动的参与方式与玩法,奖励则直接影响互动的效果。

如图 4-5 所示,横轴为发起轴、纵轴为奖励轴。由发起轴与奖励轴分隔出的四个象限,包含了直播互动的四大类玩法。

? 直播活动中的互动,由哪两个要素组成?

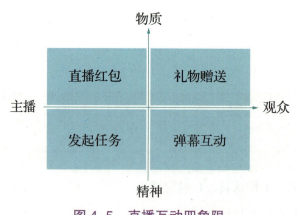

图 4-5 直播互动四象限

? 直播互动的具体玩法是什么?

2. 直播互动的具体玩法

1)直播红包

看直播的用户,一方面是想购买到更实惠的商品,另一方面是想体验直播的乐趣。直播红包是最能调动大家积极性的方法。在直播中,主播可以反复强调有抢红包的环节,并说明规则,让用户在直播间驻留更久。

2)礼物赠送

当观众为主播赠送礼物时,主播应在第一时间对观众表示感谢,这样能让赠送礼物的观众获得满足感,形成良好的互动氛围。主播要留意并尽量记住赠送礼物的观众ID,下次这些观众进入直播间时可以主动打招呼。

3）发起任务

在直播过程中，大部分主播会利用各种各样的任务来与观众互动，如发起观众留言、分享直播间等活动。通过有效的活动任务，来调动观众活跃度，吸引用户参加任务，从而刺激用户消费，达到引流变现的最终目的。

4）弹幕互动

弹幕是指一种在观看直播时，以字幕形式呈现的评论与直播同在一个画面的现象。弹幕会实时在直播页面呈现，用户在观看直播时能够看到其他用户和自己发送的弹幕。

弹幕是针对内容进行的情感抒发与交流互动，比较短小精干，却能比较准确地表达意境，形成影响力和情感交流。

直播弹幕又更进一步，不仅提供了即时反馈，实时互动，好的弹幕还会使内容得到升华，并且快速传播，变成一个新的宣传阵地。

因此，主播在直播时要多看弹幕，在弹幕中寻找互动话题。可以围绕某个观众、粉丝的留言、评论、所提的问题进行讨论和回应。

实训任务

【任务名称】

完成直播互动

【任务背景】

店铺直播预热后为达到更好的直播效果需要进行直播互动。请你利用所学的知识为本次酸话梅、芝士面包、螺蛳粉等产品制订直播间互动方案。

【任务目的】

（1）了解电商直播过程中互动的主要手段。

（2）掌握直播互动的方法。

【任务要求】

能够根据给定任务背景，制订直播间互动方案。

【任务步骤】

步骤1：小组活动。4人为一组，到不同平台的零食直播间进行直播互动数据搜集，了解其他直播间互动的具体玩法，并作好记录。

步骤2：每个小组根据搜集到的数据和新产品制订直播间互动方案，在直播的不同时间段采用不同直播互动玩法，包括直播红包、礼物赠送、发起各种任务、弹幕互动等。

步骤3：撰写方案。小组成员尝试在直播间具体实施直播互动方案。

步骤4：交流分享。推荐1名小组代表分享直播互动方案及具体实施效果。

效果评价

评价内容	评价标准	分值	得分		
			自我评价	小组互评	教师评价
工作态度	态度端正、工作认真、按时完成	15			
操作技能	能够完成互动方案撰写及直播互动	25			
工作效果	互动性强、具有吸引力	50			
职业素养	知识与技能的灵活运用	10			
合计		100			

自我分析	遇到的难点及解决方法
	不足之处

模块四 实施与执行电商直播

任务四 直播收尾的关键

直播收尾的关键

很多人经常忽略直播收尾阶段，认为说几句感谢观众的话即可下播，这是非常不利于直播后的营销效果的。我们要充分利用直播的收尾，将直播后的流量导入到有利的方向，而不是匆匆结尾。

1. 直播收尾的核心思路

一场直播带来的流量可能是巨大的，但是如果不能高效地转化，那流量也仅仅停留在这一场直播。直播结束之后的流量方向有销售平台、自媒体平台和粉丝平台三个方向，如图 4-6 所示。直播结束之后，需要解决的核心问题就是流量的去向，这也是评价一场直播的重要指标数据。

> 直播营销效果取决于什么？

> 直播间的流量可引向哪三个流量平台？这三个流量平台分别对应什么收尾方式？

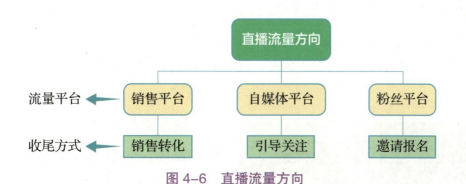

图 4-6 直播流量方向

1）销售转化

流量引导至销售平台，从收尾表现上看即引导进入官方网址或者网店，促进购买与转化。

通常留在直播间直到结束的观众，对直播都是比较感兴趣的。对于这部分观众，主播可以充当售前顾问的角色，在结尾时引导观众购买产品。

不过需要注意的是，销售转化要有利他性，能够帮观众省钱或帮助观众买到供不应求的产品；否则，在直播结尾植入太过生硬的广告，只会引来观众的弹幕。

> 直播结束后，需要解决的核心问题是什么？

2）引导关注

流量引导至自媒体平台，从收尾表现上看即引导关注自媒体账号。

在直播结束时，主播可将企业的自媒体账号及关注方式告诉观众，一般直播后继续向本次观众传达企业信息。

引导关注可通过弹窗提示（图4-7）、口头提醒、带有引导关注的背景等来实现。

3）邀请报名

流量引导至粉丝平台，从收尾表现上看即告知粉丝平台加入方式，邀请报名。

可以邀请直播中积极参与互动的观众加入粉丝群，这类观众比普通观众有更高的转化空间。

图4-7 引导关注

平时在粉丝群里多发布活动和福利，利用粉丝的参与度将以后的直播等活动热度炒起来，与粉丝建立非常紧密的黏性。

2. 直播收尾话术

直播收尾话术无非就是催单及预告。

1）催单

很多观众在下单时可能会犹豫不决，这时我们就需要用催单话术来刺激用户下单的欲望。

图4-8 营造抢购氛围

催单直播带货话术的关键是：营造抢购的氛围，向消费者发出行动指令，让观众产生紧迫感，然后快速下单，如图4-8所示。

催单可以从以下两个方向去实施。

（1）重复强调产品效果和价格优势。不断强调促销政策，包括限时折扣、前××名下单送等价礼品、现金返还、随机免单、抽奖免单等促销活动，让观众的购买欲望达到高潮，催促观众集中下单。

例如，在卖一款羽绒被时，主播一直

强调:"不用想,直接拍,只有我们这里有这样的价格,往后只会越来越贵。"不断重复强调直播间的价格优势。

(2)不断提醒用户限时限量。反复用倒计时的方式督促用户马上下单,营造时间紧迫、再不买就没货的抢购氛围。

2)预告

除此之外,一款产品或一场直播快结束时,一定要预告下一场直播的时间、产品和福利。同时,再次重复提醒直播间接下来的福利、产品等,甚至直接告知观众某款产品具体的上架时间段,方便一些不能一直坚守在直播间的观众购买。

通过直播预告,用户可在直播预告中提前订阅直播,等到直播开始后,平台会给订阅用户发送开播通知,快速将用户引导至直播间观看购买。

实训任务

【任务名称】

直播收尾

【任务背景】

最近店铺对新产品——酸话梅、芝士面包、螺蛳粉进行了直播,为了达到更好的营销效果,直播收尾非常重要。请你利用所学的知识策划本次直播的收尾。

【任务目的】

(1)了解电商直播收尾的核心思路。

(2)掌握直播收尾的基本话术。

【实训要求】

能够根据给定任务背景,撰写直播收尾手稿。

【任务步骤】

步骤1:小组活动。4人为一组,到不同平台的零食直播间观看直播收尾话术,并作好记录。

步骤2:撰写手稿。根据直播收尾的核心思路,融合催单及预告话术,强调新产品的价格和口感优势,并预告下一场直播时间和福利,撰写出直播收尾的手稿。

步骤3:交流分享。推荐1名小组代表进行直播收尾话术的现场演练,并根据演练效果及时修改手稿。

效果评价

评价内容	评价标准	分值	得分		
			自我评价	小组互评	教师评价
工作态度	态度端正、工作认真、按时完成	15			
操作技能	能够灵活运用收尾话术完成直播收尾	25			
工作效果	互动性强、具有吸引力	50			
职业素养	知识与技能的灵活运用	10			
合计		100			
自我分析	遇到的难点及解决方法				
	不足之处				

模块五

直播复盘

情景导入

直播结束了,但对于商户来说后续工作还在继续中,应通过回顾不断优化直播的整个过程,努力做到面面俱到。那么如何进行直播复盘呢?

任务分析

进行直播复盘，需要做哪些工作呢？

我们需要清楚了解复盘的作用和重要性，这样才能足够重视这项工作内容，复盘可以分为以下五步：强化目标、发现规律、复制技巧、避免失误、结果评估。

数据分析可以从以下几个方面进行分析，包括有直播的观众总数、新增粉丝、评论人数、订单量、订单总额等。

在分析问题时，可以根据以下方向进行针对性优化。

货品调整：根据价格是否优惠、品相是否好看、品质是否更好进行调整。

活动调整：可根据纪念、限定或组合的促销活动进行。

直播调整：选择合适的主播及为其打造主播人设。

模块五　直播复盘

任务一　复盘思路——实现有价值的复盘

复盘一词最早应用于股市，指的是股市收盘后利用静态数据再看一遍市场全貌，总结股市资金流向、大盘抛压、涨跌原因等，使下一步操作时更好地做出判断、更符合当前的市场情况。企业营销活动结束后通常也需要进行复盘，总结经验教训并作为下一次营销活动的参考，直播营销也不例外。

直播如何实现有价值复盘？

一、直播复盘的原因

所谓复盘，就是在直播结束后，对当天的直播活动进行回顾和总结，从中发现问题，并据此调整操作方法，修改计划和目标。回顾当天的直播是非常重要的，它可以让我们清楚地认识到直播的效果，给直播打分，只有这样才能看到进步的方向。

1. 纠正直播中的错误

直播是一件需要在实践中检验的事情，理论只能起到方向性的指导作用，但是对于直播过程中存在的一些小细节，我们只能通过实践进行检验。在复盘的过程中，我们可以仔细研究每个细节，看看观众对这些细节的反应是什么样的，是否有改进的空间。如果发现错误的地方，可以记录下来，等到事后进行改正和优化，这样可以让每次直播都比上一次有进步。

2. 优化工作流程

大多数工作是需要建立一套行之有效的流程的，直播也不例外。在直播开始之前，我们可以设定一套流程，并且按照这套流程开展直播。但是这套流程并不是唯一的，每个直播间可能都有自己的流程，我们可以不断摸索最适合自己的方式，并且学习一些技巧和套路，让直播间的工作流程更优化，这样能起到事半功倍的作用。

二、高效进行直播复盘工作的方法

如何高效地进行直播复盘工作呢？我们可以运用图 5-1 中的五个思路。

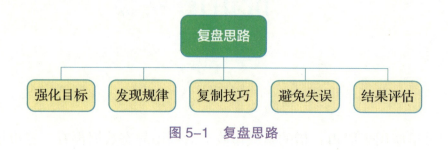

图 5-1　复盘思路

1. 强化目标

复盘的第一步，就是回顾直播的目标，翻出直播脚本进行回顾，让参与复盘的人心中有数，知道自己要讨论什么，如何评判等。

将手段当作目标或者替代目标，是我们常见的错误。回顾目标时，有一个简单有效的技巧可以加以利用，那就是将目标清晰明确地写出来，可以写在白板上，可以投影在屏幕上，以防止参与复盘的人员中途偏离目标。

2. 发现规律

发现规律是复盘最重要的内容，复盘出来的结论是否可靠，必须在复盘时做出判断。需要注意区分复盘规律是否是偶发性的因素；需要重点关注观看量、弹幕量等数据突然变化的时间点，回想当时采取了哪些措施。

3. 复制技巧

通过复盘总结出的规律技巧，需要在下次直播实践中加以运用，这样才能快速成长。例如，直播过程中问观众一些问题，发现弹幕互动量明显增长，这样下次直播时就可以与粉丝多提问题、增加互动。

4. 避免失误

下播之后回顾流程，梳理出本场直播的优点和犯错点。例如，直播过程中哪里犯错了、哪里互动有问题，或者回答不上来观众的问题，商品上架问题等，下次直播前一定要提醒自己避免重复同样的问题。

5. 结果评估

与直播前的目标进行对比，从目标完成度、直播个人表现、直播整体效果等方面进行分析评价，并总结原因。

案例分享

青瓜传媒在《日活过亿，快手直播播什么？》中曾说道："为了丰富自己的内容生态，快手先后建立了游戏、体育、教育、媒体、政务、音乐、汽车等垂直领域的内容账号，扶持各领域的账号内容账号，扶持各领域的账号内容创作。"

直播平台要想发展必然会争得头破血流，因此要在坚持自己内容方向的同时，不断地去探索，做出优化。

一、根据平台所在地区的主流文化，选择直播运营的整体方向

对于大多数中小型直播平台运营公司来讲，如果平台发源地的地区文化比较突出，那么可以以此作为切入点进行"文化直播"。以快手直播为例，不同的地区有不同的直播偏好：北京人喜欢直播书法绘画，天津人乐意听相声，而山东人的生活气息浓厚，喜爱直播育、烹饪、装修……

根据不同的地区文化特色来选择直播方向，往往会引起本地用户的共鸣，在获取流量的同时，也能为在本地打响品牌添油助力。

二、更加注重"普通人的直播"

快手直播中，直播数量最多的品类其实是各位主播的"本行"。

除去电商，快手直播依然很接地气，它能够反映用户的真实需求，展现大家的真实生活。相较于现在比较流行的游戏或秀场直播，这种"普通人的直播"有着更强的生活性和日常性。例如，美食记录、旅游记录、甚至是传统技艺表演，虽说其初期的观众量可能不如游戏或秀场领域，但是坚持做下去，其垂直度的优势就会凸显出来，更多的用户会对其产生共鸣，一种小文化圈就有可能在这个直播平台形成，那么运营方所关注的礼物收益日后自然不会少了。总的来说，这种直播方式是少了一份"精致"，但也多了一份"鲜活"。这也正是大多数直播平台所缺少的东西。

实训任务

【任务名称】

对直播进行复盘

【任务背景】

店铺对新产品——酸话梅、芝士面包、螺蛳粉进行了直播,直播结束后需要对当天的直播活动进行复盘,从而发现问题,便于修正直播方案。请你根据所学知识,对直播进行复盘。

【任务目的】

(1)了解复盘的主要内容。

(2)掌握复盘的基本方法。

【任务要求】

能够根据任务背景,运用复盘方法,对直播进行复盘。

【任务步骤】

步骤1:扫二维码观看《直播优化方案》,分析直播视频,总结视频中直播复盘的四个环节。

步骤2:在淘宝直播平台直播间观看一场直播,结合视频案例中复盘内容,按四个复盘环节写出复盘的具体内容。

效果评价

评价内容	评价标准	分值	得分		
			自我评价	小组互评	教师评价
工作态度	态度端正、工作认真、按时完成	15			
操作技能	能够对直播活动进行复盘	25			
工作效果	及时、科学、合理	50			
职业素养	知识与技能的灵活运用	10			
合计		100			

自我分析	遇到的难点及解决方法
	不足之处

模块五　直播复盘

任务二　数据分析——掌握数据走向

1. 分析数据

直播电商数据分析需要围绕"带货"这个核心目标展开，这其中就涉及人、货、场这三个概念，也就是抖音直播的流量、商品和直播间。将这三个概念进行结合，就是抖音直播运营中需要关注的核心数据。

直播的细分数据指标，是制定直播优化策略的基础。这些数据的复盘，对提升直播间的转化率起到至关重要的作用。

数据分析可以从哪几个数据进行分析？

1）直播销售额

销售额是最能体现直播带货能力的数据指标，但是需要综合分析一段时间内的数据走向，才能更真实地反映主播的带货能力，如图5-2所示。

图5-2　直播销售额

103

电商直播营销

案例分享

山东临沂电商从业者孙玲玲，在某电商平台经营一家销售糖果类产品的店铺，2020年10月开始尝试电商直播。一个月的时间里，孙玲玲找了多位带货主播，这些主播"粉丝"数量都超过百万，但几乎每场带货都以赔钱收场。

"有的主播介绍了产品很久，最终只卖出去1 000多块钱。更离谱的一次是，商品已经下架，但销售数据还在攀升，说明数据是假的。"孙玲玲说，有主播甚至告诉她，"数据造假是直播带货的'潜规则'。"

记者注意到，近几个月直播带货的销售业绩，不断被各平台主播刷新历史新高，从1亿元到10亿元，再到50亿元。除了头部主播，越来越多的主播宣称，带货取得几百万元到上千万元的销售额。

"以往'双十一'，整个天猫平台的销售额才2 000多亿元，现在一个带货主播几场直播下来就动辄几十亿元，里面'水分'太大了。"山东临谷电商科技创新孵化园副总经理李军华告诉记者，以服装销售为例，百万"粉丝"的主播，带货一场能卖出2万单左右，刨除物流、人工等成本，收益并没有很夸张。但有的主播过分夸大带货效果，1元活动"秒杀"的产品按原价算销售额，打五折的商品也按原价计算。

此外，中国消费者协会此前发布的《直播电商购物消费者满意度在线调查报告》显示，有37.3%的消费者在直播购物中遇到过消费问题。

1. 直播"业绩"是怎么吹大的？

记者了解到，直播带货的收费主要由坑位费（即指定主播带货商品需要支付的费用）和佣金两部分构成，具体金额和比例，则由带货主播的影响力决定。但围绕"影响力"这一指标的造假，已经形成一条产业链。

首先在观看人数上，可"操作"的空间很大。记者在多个二手交易平台检索发现，某短视频平台花80元，可以在直播中刷上百的观看数据；某电商平台的直播，150元能买到1万的观看数据。此外，在一些QQ群和微信群中，还有专门组织刷数据的商家。

业内人士告诉记者，虚假流量只能欺骗观众，造假成本相对较低。对于商家而言，带货的主播同样有"套路"可用。电商从业人员王方圆告诉记者，在直播带货的销量统计上猫腻很多。例如，一张手机贴膜，事先提高标价，标为100元，带货时5元卖出，卖出2万张，再找人刷单8万张，对外宣称销量10万张，然后按照100元来算销售额，如此一来业绩轻松过千万元。

对商家而言，直播带货商品退货率高，算入产品成本、运营成本、物流成本，再加上动辄十几万元、几十万元的坑位费，只能亏钱。"主播可以拿着泡沫数据再去'忽悠'下一个商家，去要求高额的坑位费。"王方圆说。

业内人士表示，造假成本低、监管有缺位，是产业链形成的主要原因。记者在询问几家从事刷浏览量的机构时，对方表示不论是刷浏览量还是刷单，基本不会被查处。一方面是商家、刷流量机构、电商平台，分属不同地域，地方市场监管等部门跨地域管理和执法存在难度；另一方面，高流量、高销量能给电商平台带来热度和人气，部分平台"乐见其成"，作为直接监管者，疏于对这类行为的管理。

2. 纠正行业不良风气，急需给数据"挤水分"

中国互联网络信息中心发布的《中国互联网络发展状况统计报告》显示，截至2020年6月，我国电商直播用户规模为3.09亿。此外，2020年上半年，国内电商直播超过1 000万场，活跃主播数超过40万。专家认为，直播电商行业规模仍未饱和，发展空间较大，预计未来两年仍会保持较高的增长态势。

记者注意到，针对直播带货流量造假行为，各地已在加大查处力度。浙江金华市场监管部门近期查处了一起通过刷单为直播带货数据造假的案例，当事人陈某制作的专用流量刷单软件，为电商平台直播虚增观看人数、评论数、点赞数，违法经营额272.6万元。

监管部门认为，通过组织虚假交易、虚假流量刷单等方式，帮助经营者提升直播间粉丝量、点赞数、观看人数等，违反了《中华人民共和国反不正当竞争法》第八条的规定情形，属于帮助虚假宣传行为。

中闻律师事务所律师闫创说，电商直播中为创造噱头而进行的数据"注水"，既是不诚信的行为，也是违法行为，导致消费者不能正确掌握商品和服务的真实状况，扰乱了市场秩序。

中国法学会消费者权益保护法研究会副秘书长陈音江认为，电商、短视频等平台应强化自身监控体系，通过建设流量监测系统，实时监测主播的观看数据和流量数据，对流量造假、伪造销量等情况，及时发现、严肃处理，应将有造假行为的主播列入黑名单。

山东省消费者协会副秘书长尹强民说，广大消费者在购物时，要对直播带货中主播宣称的销量和使用效果谨慎对待，仔细甄别考虑后再选择购买，同时还要保留购物凭证，以便日后维权。

资料来源：佚名. 警惕直播带货的造假泡沫[EB/OL].（2020-12-15）[2022-09-01]. http://www.bjtzh.gov.cn/xytzh/c109455/202012/1328027.shtml.

2）直播转化率

直播间观众如果对商品感兴趣的话，一定会有点击购物车查看商品详情的操作，这一点可以通过直播中出现的"正在购买人数"弹幕来体现。

查看直播间正在购买人数变化趋势，快速了解哪一款商品上架期间的购买人数较多，就可以侧重推广该商品，同时还可以在返场时再次介绍，提高商品的转化率，如图5-3所示。

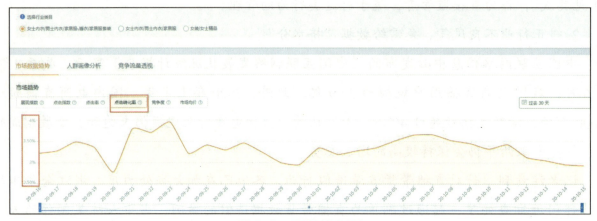

图 5-3　直播转化率

3）直播观众留存率

用户在直播间停留的时间越久，说明直播间的内容越有趣。直播间的人气越高，系统就会把你的直播间推荐给更多的人看，这和短视频的推荐机制是相似的。所以，留住直播间的观众，提高观众留存时间对于直播间上热门是有很大帮助的，如图5-4所示。

图 5-4　直播观众留存率

4）直播间用户画像数据

直播间的用户画像是直播电商需要分析的关键数据，带货就是基于直播间用户的需求进行的。

例如，直播观众大部分是 30 岁以下的女性，那么服饰、护肤等商品就可以成为直播间选品的方向，如图 5-5 所示。通过兴趣分布，还能进一步缩小范围。

图 5-5　直播间用户画像数据

5）直播互动数据

通过弹幕词数据（图 5-6），可以知道观众都喜欢聊什么，下次直播的时候就可以多准备一些相关的话题，来调动直播间气氛；也可以知道观众对哪些商品的兴趣比较高，在之后的直播中可以持续进行推广。

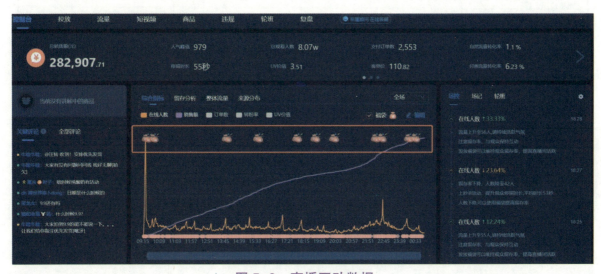

图 5-6　直播互动数据

案例分析

首先我们需要了解直播间的流量来自哪里，然后才能根据直播数据有针对性地改进。直播的观众来源包括直播推荐、关注页、直播广场、视频推荐、同城及其他。

> 直播观众的来源包括哪些？

直播广场、视频推荐及同城，都属于公域流量，如果公域流量较多，代表直播获得推荐。

当你的直播流量来源推荐流量占比较高时（50%以上），转化新粉占比较低很正常。因为推荐来的流量一般是比较宽泛的，流量不精准，所以涨粉率低。

以抖音为例，如图5-7所示。

如果一场直播新粉转化比低于5%，即新增粉丝比较少，说明陌生用户没有被你的直播内容吸引。

电脑端的数据，如图5-8所示。电脑端可以看到抖音商详页访问次数、"我的橱窗"访问次数、交易额、订单量、单笔价等数据。

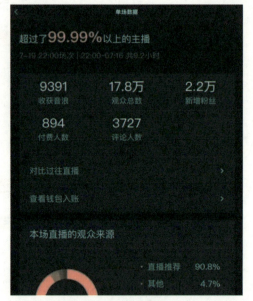

图5-7　手机端数据

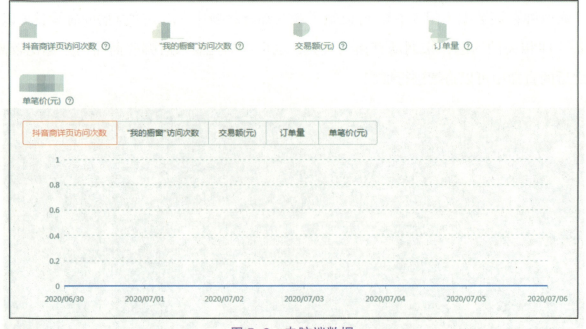

图5-8　电脑端数据

我们可以分析直播的转化率,即订单量/商品详情页访问次数。

假如你的商品详情页访问次数是10,订单量是3,转化率是30%,那么说明产品对点击进来的用户吸引力较大。

> **小知识**
>
> 除了平台方自带的数据工具,我们还可以利用一些第三方工具进行查询。使用第三方工具的好处是可以查询其他主播的数据,以及最近卖得最好的几款产品及其佣金比例等。
>
> 1. 萤火数据
>
> 萤火数据是一款专门为淘宝直播服务的数据分析平台,可以用来查询实时数据、大盘数据、暴涨榜单、排名查询等。登录时,需要用微信搜索并关注"萤火数据"公众号,然后点击"进入公众号—萤火数据—首页推荐"。实时数据查询是萤火数据的一项特别功能,您可以输入主播的昵称,查看主播的实时直播数据。
>
> 2. 知瓜数据
>
> 知瓜数据是一款数据分析监测云平台,可以对淘宝直播进行转化量分析、"粉丝"互动分析、"粉丝"画像分析等,也提供了播主销量榜、爆款商品榜、MCN排行榜等各类电商直播的相关榜单。
>
> 3. 飞瓜数据
>
> 飞瓜数据可以为短视频和直播电商提供数据分析服务,并且设有抖音版、快手版、B站版等,用户可以根据自己的实际情况选择相应的服务。
>
> 4. 优大人
>
> 优大人直播数据软件可以用来同时观测直播行业数据及个人主播的数据,同时还能为主播提供专业的运营辅导服务。
>
> 5. 蝉妈妈
>
> 在蝉妈妈上可以查看开播时间、人气峰值、礼物收入、商品数、销售额、销量等数据。
>
> 资料来源:孔林德. 淘宝、天猫、拼多多、抖音、快乐直播营销一本通[M]. 北京:民主与建设出版社,2020.

任务

【任务名称】

数据分析

【任务背景】

数数据分析是复盘的基础,请你将淘宝后台的数据汇总到 Excel 上,对每个维度的数据进行分析,考虑如何优化提升,并将数据转化为具体的需求。

【任务目的】

(1)了解直播间涉及哪些数据。

(2)掌握各数据的收集方法。

【任务要求】

能够根据任务背景,收集数据并将数据转化为具体需求。

【任务步骤】

步骤1:打开淘宝卖家用户直播平台。

步骤2:通过手淘直播生意参谋、PC 直播中控台、阿里创作平台查看访客数和下单转化率等数据,并把数据汇总到 Excel 表中。

步骤3:对汇总的数据进行分析,掌握用户需求偏好,及时优化直播方案。

效果评价

评价内容	评价标准	分值	得分		
			自我评价	小组互评	教师评价
工作态度	态度端正、工作认真、按时完成	15			
操作技能	能准确对数据进行分析	25			
工作效果	科学、合理	50			
职业素养	知识与技能的灵活运用	10			
合计		100			
自我分析	遇到的难点及解决方法				
	不足之处				

模块五　直播复盘

 任务三　优化直播转化率，实现复盘价值

直播的优化方向同样要围绕人、货、场开展，分别对应主播、货品调整、活动调整。

优化直播转化率，实现复盘价值

1. 主播

1）选择合适的主播

一场直播，最先让观众看到的是主播，而主播形象直接影响着观众是否愿意进入直播间。所以，选择合适的主播很重要。选择主播，我们可以从三个方面考虑：匹配度、带货力和性价比。

主播人设打造秘籍

匹配度需要考察主播的粉丝画像、主播形象、专业度、主播的直播间氛围、主播的口碑等。带货力主要从粉丝活跃度、粉丝团及直播数据来进行考察。性价比则主要是从转化率和垂直性两大方面考虑。

2）打造主播人设

在打造人设时，主播要以自身特点为出发点，适当放大自己的闪光点，在镜头下展现出自己的真实特征，以吸引和感染用户。人设一定要真实，切忌一味追求完美的人设而脱离实际。在打造人设时，主播可以选取自身的一两个闪光点，这样更有利于用户记忆和识别。例如，会化妆的人可以做美妆主播；"宝妈"群体适合推荐婴幼儿用品，如玩具、绘本、食品等，可以通过自己的身份引发用户的共鸣。需要注意的是，人设一旦设立，就不能随意改变，更不能胡乱跟风追热点，而要长久坚持，通过持久产出与人设高度一致的内容，不断强化用户对主播的印象，继而不断提升用户的黏性。

2. 货品调整

"货"，即产品。拥有价格更优惠、品相更好看、品质更好的货，是一场直播决胜的

关键。直播电商中，卖货是根本目的，在"粉丝"对主播信任的基础上，主播的选品和品控的专业水平，以及对产品及品牌的讲解能否做到通俗易懂，也是决定消费者愿不愿意购买的重要因素。所以，选品尤为重要。那么直播选品需要注意什么呢？

> 直播选品应该注意哪些方面？

1）具体对象具体分析

根据你的直播账号所针对的具体消费群体或者不同场景的不同需求，选择直播电商带货产品。

2）主打低价，采用"低价高质"选品策略

你的产品价格要比同类品牌低，但是质量不能差，也就是高性价比，确保产品价格是"全网最低价"，提升用户购买体验。

3）有颜、有用、有趣

有颜是指你的产品设计或者外观有高级质感；有用则表示你的产品有口碑，有很多人推荐；有趣当然就是不同于同类产品的独特创意点。

4）选品库存有保障

直播间卖货面对的观众可能是几万、几十万，甚至是几百万，所以选择的产品一定要明确真实库存、发货时间周期及库存补货时间周期，可选择少量多批策略。

3. 活动调整

> 活动调整分为哪些方面？

1）纪念日促销

在这个人人崇尚仪式感的社会里，纪念日营销往往利用的是人们对于特殊日期或者节日的一种仪式感心理。

2）限定促销

"物以稀为贵"的观念刺激着人们的购买行为。限定促销就是为顾客提供独特风格的商品，提供特别的服务，创造一种稀有的氛围，使顾客感到此店与众不同。这是专业商店较为常用的促销方法。

3）组合促销

组合促销是促销方式中的一个重要组成部分，是指将商家可控的基本促销措施组成一个整体性活动。促销的主要目的是满足消费者的需要，而很多时候消费者的需要很多，要满足消费者需要所应采取的措施也很多。因此，主播在开展促销活动时，就必须把握住那些基本性措施，合理组合产品，充分发挥整体性优势和效果。

实训任务

【任务名称】

制订直播间优化方案

【任务背景】

针对复盘和数据分析结果，请你利用所学的知识完成本次直播复盘并制定优化方案。

【任务目的】

（1）了解直播间改进渠道。

（2）掌握各渠道改进方法。

【任务要求】

能够根据任务背景，通过数据分析，制订直播间优化方案。

【任务步骤】

步骤1：小组活动。4人为一组，综合复盘思路和数据分析，对淘宝卖家直播间优化调整。

步骤2：优化方案。根据复盘内容做出直播优化方案，包括主播、产品、促销活动、直播间场景的优化。

步骤3：交流分享。推荐小组代表分享直播间优化方案。

效果评价

评价内容	评价标准	分值	得分		
			自我评价	小组互评	教师评价
工作态度	态度端正、工作认真、按时完成	15			
操作技能	能进行数据分析，并独立制定优化直播间方案	25			
工作效果	科学、合理，适用性强	50			
职业素养	知识与技能的灵活运用	10			
合计		100			
自我分析	遇到的难点及解决方法				
	不足之处				

参考文献

［1］勾俊伟，张向南，刘勇. 直播营销［M］. 北京：人民邮电出版社，2017.

［2］刘兵. 直播营销 重新定义营销新路径［M］. 广州：广东人民出版社，2018.

［3］孔林德. 淘宝、天猫、拼多多、抖音、快乐直播营销一本通［M］. 北京：民主与建设出版社，2020.

［4］刘东明. 直播电商全攻略：IP打造+实战操作+店铺运维+直播转化+后台管理［M］. 北京：人民邮电出版社，2020.